Christopher Vasey

# Die Kraft der Naturwesen

## Einführung in das Wirken unsichtbarer Helfer



EDITION
EVA
HERMAN

Zweite, überarbeitete Auflage, Dezember 2021

Umschlag:
Konzeption, Design & Illustration: Robert A. Lau
Satz & Realisation:
B R A I N G E N C Y*
Design + Werbung GmbH, Germany
www.braingency.de



Verlag:
Edition Eva Herman
P.O. Box 66
Cleveland, Nova Scotia B0E 1J0, Canada
info@eva-herman.net
www.eva-herman.net

Druck und Vertrieb:
Amazon Media EU S.à r.l.
5 Rue Plaetis, L-2338, Luxembourg

ISBN: 978-1-9990215-7-3

Der Verfasser orientiert sich bei Aussagen,
die über den allgemeinen Kenntnisstand
hinausgehen, an dem im Werk
*Im Lichte der Wahrheit, Gralsbotschaft*
von Abd-ru-shin, vermittelten Wissen.

# Inhalt

# Einleitung

Eine der Hauptsorgen der heutigen Zeit ist die Frage unserer Umwelt. Diese zeigt sich nicht mehr, wie dies früher der Fall war, unberührt, rein und sauber. Vielmehr sind wir an einem Punkt angekommen, der uns vor ein unvorstellbares Ausmaß der Zerstörung stellt, wie beispielsweise die Luft-, Wasser- und Erdverschmutzung, die Zerstörung der Landschaften und Wälder, die Verminderung der Anzahl der Tier- und der Pflanzenvielfalt, die geringere Fruchtbarkeit des Erdbodens und so weiter.

Die erwähnte Aufzählung stellt keine einfach zu lösenden Probleme dar, die man als an sich unangenehm, doch mit der Möglichkeit, mit ihnen zu leben, bezeichnen könnte. Es sind im Gegenteil echte Gefahren für das Überleben des Menschen, doch nicht nur das, gleichzeitig auch der Tier- und Pflanzenwelt. Eine völlig falsche Einstellung der Natur gegenüber, die zwangsläufig in einer sich daraus ergebenden falschen Nutzung derselben mündet, lässt erkennen, dass der Mensch von den in den Schöpfungsgesetzen für ihn gewollten Möglichkeiten in Beziehung zur Natur wenig weiß.

An einem extremen Punkt des Fehlverhaltens angekommen, bleibt nur eine Lösung: Der Mensch muss seine Wahrnehmung und seine Beziehung zur Natur ändern. Ein neues Verständnis über seinen Platz inmitten der Natur und der Art, wie er sich harmonisch in sie einfügen kann, ist unabdingbar, um sich in Zukunft auf eine aufbauende Weise einfügen und wirken zu können, und nicht zerstörend, wie dies zurzeit der Fall ist.

Dieses neue Verständnis darf sich jedoch nicht ausschließlich auf die äußerlich sichtbaren Aspekte der Natur beschränken, sondern muss sich auch – und vor allem – auf seine unsichtbare, überirdische Seite beziehen. Oder, anders ausgedrückt, erst durch die Kenntnis der personifizierten Kräfte der Natur, wie die Gnome, die Elfen, die Nixen ... und deren große Beherrscher, die sogenannten Götter der Antike, Wesen, die für die Bildung und das Funktionieren der Natur verantwortlich sind, kann der Mensch zu tiefen Einsichten und wahrem Wissen gelangen.

Gnome, Elfen, Nixen – bekannt aus den Märchen und Legenden unserer Kindheit, existieren alle diese Wesenheiten nur in unserer Vorstellung oder gibt es sie wirklich?

Wenn man die Übertreibungen oder Entstellungen beiseitelässt, die sich mit der Zeit in die Überlieferungen eingeschoben haben mögen, bleibt dann ein wahrer Kern übrig? Ist es möglich, dass »Elementarwesen« oder »Naturgeister« tatsächlich existieren?

Manchem werden solche Fragen heute etwas naiv oder uninteressant erscheinen. Innerhalb des wissenschaftlich-rationellen »Zeitgeistes« unserer Epoche lohnt es sich vermeintlich nicht mehr, sich damit zu beschäftigen. Götter, Gnome, Elfen ... gehören in das Gebiet der Märchen und Legenden, können also nicht Gegenstand ernsthafter Forschung sein!

Doch ein solches Wegschieben in die Märchen- und Mythenwelt wird dem Thema nicht gerecht. Einerseits, weil es kein Resultat einer vertieften Prüfung, sondern ein Vorurteil ist. Andererseits, weil die Hypothese von der Existenz solcher Wesen bei näherer Betrachtung weder im Gegensatz zu naturwissenschaftlichen Erkenntnissen noch zu religiösen Erwägungen steht. Außerdem legen zahlreiche Tatsachen – etwa die Schauungen hellsichtiger Menschen – nahe, dass viele Wesen, die wir nur noch aus Märchen und Legenden kennen, wirklich existieren.

Das Ziel dieses Buches ist es, aus unterschiedlichen Blickwinkeln und im Hinblick auf verschiedene Wissensgebiete Beiträge zu diesem umfassenden Thema zu vermitteln. Zu diesem Zweck wird auf zahlreiche religiöse, historische, mythologische Werke und auch Berichte verwiesen.

Zentrale Bedeutung für das Verständnis dieses Themas hat jedoch das Werk »Im Lichte der Wahrheit, Gralsbotschaft« von Abd-ru-shin. Nicht, dass dieses Werk ausschließlich den Elementarwesen gewidmet wäre – es behandelt zahlreiche andere Fragen wie den Ursprung des Menschen, seine Stellung in der Schöpfung, das Schicksal, den Sinn des Lebens und so weiter – doch die Erklärungen der »Gralsbotschaft« sind die klarsten und vollständigsten, die zu diesem Thema zu finden sind.

Dank der Kenntnis der Existenz der Naturwesen öffnet sich eine neue Sichtweise der Welt, die dem Menschen nicht nur in seinen Beziehungen zur Natur helfen, sondern auch hinsichtlich seines eigenen, geistigen Entwicklungswegs.

In der »Gralsbotschaft« werden Götter, Elfen und Gnome sowie viele andere Wesenheiten mit dem Sammelausdruck »Wesenhafte« bezeichnet. Diesem Beispiel werden wir bei den weiteren Ausführungen folgen.

# 1. Warum sieht man die Wesenhaften nicht?

Damals wie heute gab und gibt es Menschen, die behaupten, Naturwesen gesehen zu haben beziehungsweise sehen zu können. Für sie stellt sich natürlich die Frage nicht, ob die Wesenhaften tatsächlich existieren. Aber warum können nur einige wenige Menschen Naturwesen visuell wahrnehmen, während die anderen sie normalerweise nicht sehen?

## Ist sehen immer nötig, um zu glauben?

Ich will sehen, um zu glauben ... Dieser Grundgedanke kommt bei vielen Diskussionen über die mögliche Existenz von etwas im Allgemeinen Unsichtbaren zum Ausdruck, und er wird daher auch oft in Verbindung mit Naturwesen angeführt. Die Art, die Welt nach dem Motto »Was ich nicht sehen kann, existiert auch nicht« zu betrachten, scheint völlig logisch zu sein: Was nicht sichtbar ist, hat keine Form; und was keine Form hat, das gibt es nicht.

Doch gibt es sehr viele Dinge, deren Existenz für uns Gewissheit ist, denen wir überzeugt Platz in unserem Weltbild einräumen, die wir auch für unsere täglichen Aktivitäten nutzen

– und die wir dennoch nie gesehen haben. Denken wir beispielsweise an die Elektrizität, von der unsere Gesellschaft so abhängig ist, an die Struktur des Atoms (die um den Kern kreisenden Elektronen) oder an die Radio- und Fernsehwellen, die ununterbrochen den Raum durchqueren. All das können wir mit unseren Sinnen nicht direkt, sondern nur in Form ihrer Auswirkungen wahrnehmen. Und wer würde es heutzutage wagen, die Schwerkraft oder die magnetischen Kräfte unter dem Vorwand, sie seien unsichtbar, infrage zu stellen? Oder Ultraviolett- und Infrarotstrahlen? Auch sind wir überzeugt davon, als Menschen einen Willen zu besitzen – doch niemand kann diesen Willen als solchen beobachten. Unsere Gedanken, Gefühle und Empfindungen sind ebenso »unsichtbare Selbstverständlichkeiten«.

Diese Beispiele zeigen, dass es durchaus nicht immer nötig ist, etwas zu sehen, um von dessen Existenz überzeugt zu sein. Es ist also ein Trugschluss, Elfen, Gnome und andere Naturwesen von vornherein als nicht existent zu betrachten, nur weil man sie nicht sieht.

Außerdem stimmt die Behauptung genau genommen gar nicht, Wesenhafte seien unsichtbar. Richtigerweise müsste man sagen, dass sie im Allgemeinen nicht gesehen werden können. Denn es gab und gibt immer Menschen, die davon berichten, Naturwesen wahrnehmen beziehungsweise mit ihnen kommunizieren zu können.

Aber wie glaubwürdig sind solche Aussagen? Sie zu kontrollieren ist deshalb schwer, weil gerade jenen Menschen, die darüber ein Urteil abgeben wollen, meist die Gabe zur Schauung von Naturwesen fehlt.

Stellen wir uns daher einmal allgemein die Frage, ob es möglich sein kann, dass bestimmte Menschen mehr wahrzunehmen vermögen als andere, dass sie also visuell eine Wirklichkeit erfassen können, die dem Normalsterblichen verschlossen bleibt. Um darauf eine Antwort zu finden, müssen wir uns vorerst näher damit befassen, was eigentlich »sehen« bedeutet.

## Was bedeutet »sehen«?

Sehen ist eine Fähigkeit, die wir besitzen, um die uns umgebende Wirklichkeit mithilfe unserer Augen wahrzunehmen. Unser Sehen beschränkt sich auf das Erfassen nur eines Aspektes der Gesamtrealität; für Töne, Gerüche, geschmackliche oder haptische Eindrücke sind andere Sinnesorgane – Ohren, Nase, Zunge und Haut – zuständig. Jeder Sinn nimmt immer nur das wahr, was seiner Gleichart entspricht. Diese Beziehung ist der zwischen einem Radioempfänger und den verschiedenen Radiosendungen vergleichbar. Ist der Empfänger auf eine bestimmte Wellenlänge eingestellt, so kann er die auf dieser Frequenz gesendeten Sendungen empfangen. Die zahlreichen Sendungen aber, die auf anderen Wellenlängen ausgesendet werden, entgehen ihm – obwohl sie natürlich dennoch existieren.

Auch unsere Augen können nur das »empfangen«, was ihrer eigenen Art entspricht. Und eine ganz natürliche Beschränkung, der sie – ebenso wie alle anderen körperlichen Sinnesorgane auch – unterworfen sind, ist die physische Stofflichkeit. Da unsere Augen selbst dem materiellen Körper zugehören, können sie auch nur das wahrnehmen, was dieselbe Stofflichkeit hat wie sie selbst. Alles Immaterielle muss ihnen jedoch verborgen bleiben. Mit »immateriell« ist alles das gemeint, was nicht zu der groben Stofflichkeit des Erdenplanes gehört.

Doch dieser Erdenplan ist nicht die einzige Seinsebene, die es in der Schöpfung gibt

– auch wenn eine solche Behauptung für materialistisch gesinnte Menschen vielleicht schwer zu akzeptieren ist. Jesus sprach von »zahlreichen Wohnungen« in seines »Vaters Haus«, und für die meisten Christen ist zumindest unbestritten, dass zusätzlich zur grobstofflichen Welt, in der wir uns gegenwärtig befinden, auch eine geistige Welt, Paradies genannt, erschaffen wurde.

Tatsächlich ist dieses geistige Reich die Welt, aus der wir Menschen ursprünglich stammen. Zwischen dem Paradies und dem Erdenplan gibt es aber mehrere, von oben nach unten zunehmend dichter werdende Schöpfungsebenen, in denen sich ebenfalls Menschengeister aufhalten, um ihren Entwicklungsweg zu vollenden, ehe sie zuletzt wieder in die geistige Ebene eingehen können.

Alle diese Schöpfungsbereiche wirken mit- und ineinander, aber sie sind – mit Ausnahme des Erdenplanes – von ganz anderer Art als die Augen unseres physischen Körpers. Demzufolge können diese Ebenen nicht ohne Weiteres gesehen werden. Sie liegen jenseits der Wahrnehmungsfähigkeit unseres Sehvermögens (wie auch unserer anderen Sinne) – das Wort »Jenseits« (als Bezeichnung für die Gesamtheit dieser Ebenen) bringt diese Gegebenheit gut zum Ausdruck.

Da der Menschengeist seinen Ursprung in der geistigen Ebene hat, muss er, wenn er sich auf der materiellen Erde betätigen will, eine Hülle gleicher Dichte umlegen – also den Erdenkörper. Ohne ihn könnte der Geist nichts von der materiellen Welt erfassen, noch sich in ihr betätigen.

Der physische Körper ist demnach nicht der eigentliche Mensch, sondern nur ein Werkzeug, dessen der Geist bedarf. Die Augen des physischen Körpers gehören zu diesem Werkzeug. Nicht sie selbst »sehen«, sondern der, der die Augen benutzt: der Geist, unser eigentliches Ich. Genauso wie eine Brille, ein Feldstecher oder das Mikroskop sind auch die Augen Instrumente, die dem Geist – auf dem Weg über das Gehirn – visuelle Informationen übermitteln.

So, wie es für den Geist also die Notwendigkeit gibt, zur Betätigung in der physischen Welt einen entsprechenden grobstofflichen Körper anzunehmen, muss er sich auch mit der Art der anderen Ebenen umhüllen. Es legt sich, während der Geist auf seiner Weltenwanderung vom Paradies bis zur Erde von einer Ebene zur nächsten absteigt, Hülle um Hülle um ihn – eine über die andere. Demnach tragen wir alle so viele verschiedenartige Körper um uns, wie wir Ebenen während unseres Abstieges durchschritten haben. Und alle diese Hüllen sind mit »Instrumenten« beziehungsweise Organen versehen, die es uns erlauben, auf die entsprechende Ebene einzuwirken und Eindrücke aus ihr aufzunehmen. Jede dieser Hüllen enthält also auch Augen.

Hier mag man sich die Frage stellen, warum uns diese »Vielfalt« an Augen nicht in ganz natürlicher Art und Weise das Sehen unserer feineren Körper beziehungsweise der betreffenden Schöpfungsebenen erlaubt. Warum sehen wir nicht alle auf einmal? Das können wir deshalb nicht, weil von den unterschiedlich gearteten Augen nicht alle auf einmal funktionieren. Im Normalfall sind immer nur die Augen des äußersten, dichtesten Körpers geöffnet und bringen dem Geist die benötigten Informationen zum Bewusstsein. Würden wir gleichzeitig Eindrücke aus verschiedenen Ebenen erhalten, müssten daraus verwirrende Wahrnehmungen entstehen, in denen wir uns nicht zurechtfinden könnten. Es ist also immer nur ein Augenpaar geöffnet. Ausnahmsweise kann sich aber auch ein anderes auftun – dies ist der Fall bei hellsichtigen Menschen.

**Die Fähigkeit des Hellsehens**

Auch ein Hellsehender sieht für gewöhnlich mit den Augen seines physischen Körpers – wie wir alle. Zeitweise jedoch kann er – während das Sehen der irdischen Augen »ausgeschaltet« wird – visuell Dinge wahrnehmen, die üblicherweise als »nicht existierend« bezeichnet werden, da sie stofflich-materiell nicht gesehen werden können. Er aber sieht sie; ein anderes, nicht-physisches Augenpaar vermittelt sie seinem Geist. Wenn man die Gesamtheit des Menschen in Betracht zieht, also sowohl das Materielle (den physischen Körper) als auch das Immaterielle (die feineren Körper und den Geist), dann ist die Möglichkeit des Hellsehens etwas ganz Natürliches.

Doch ist diese Fähigkeit sehr unterschiedlich ausgeprägt. Kein Sehender kann alle Schöpfungsebenen überschauen; meist handelt es sich gewissermaßen um »Spezialisten« – und unter ihnen gibt es welche, die auf die »Wellenlänge« der Wesenhaften eingestellt sind. Aber auch hier sehen nicht alle Hellsichtigen das Gleiche. Vorwiegend können die dichtesten

Wesenhaften geschaut werden, also vor allem Gnome und Nixen, die sich der Elemente Erde und Wasser annehmen. Wesenhafte, deren Konstitution ätherisierter ist, da sie sich mit Luft und Feuer beschäftigen, werden weitaus seltener wahrgenommen.

Was ein Hellsehender schaut, sind feinerstoffliche Körper. Naturwesen tragen also keine grobstoffliche Hülle wie wir während des Erdenlebens, sondern einen Körper »jenseitiger« Art. Sie können daher (genauso wie beispielsweise Radiowellen) Mauern und andere ihnen im Wege stehende materielle Hindernisse durchdringen, als ob diese nicht existieren würden.

Weil Wesenhafte keinen grob-materiellen Körper besitzen, können sie auch von blinden Menschen gesehen werden – sofern diese zur Hellsichtigkeit befähigt sind. In solchen außergewöhnlichen Fällen funktionieren zwar die Augen des physischen Körpers nicht, wohl aber die der entsprechend feineren Hülle. So schreibt eine von Geburt an Blinde:

> *»Als Kind spielte ich gerne mit Zwergen und Elfen. Ich kannte und verstand sie. Was aber die physische Welt betraf, mussten*

*meine Eltern und Erzieher mir den Zugang zu ihr durch eine konkrete, systematische Führung öffnen, denn ich war blind von Geburt her. Die ›andere Welt‹ – wie ich sie nannte – brauchte mir niemand zu erklären. Manchmal wollte ich mit andern darüber sprechen, sie an dem, was ich erlebte, teilhaben lassen. Als ich klein war, hörten sie mich geduldig an und stimmten allem freundlich zu. Später – als sie dachten, dies wäre für ein älteres Kind angebracht – bemühten sie sich, diese ›andere Welt‹ aus meinem Geist zu verbannen. Sie erklärten mir, dass man lernen muss, Wahres von dem zu unterscheiden, was nur in unserer Vorstellung lebt. (…) Doch ich ›glaubte‹ nicht an diese Wesen, ich erlebte sie, und ich begann so, an meinem ersten großen Lebensproblem zu leiden. Indem ich den Erwachsenen folgte, musste ich an das glauben, was ich nicht sah.«*

(Ursula Burkhard: »Karlik. Begegnungen mit einem Elementarwesen«, Werkgemeinschaft Kunst und Heilpädagogik Weißenseifen, 1987)

Die Möglichkeit, mit anderen Augen als denen des Erdenkörpers Wesenhafte zu schauen, liegt potenziell in jedem Menschen verankert. Sie tritt jedoch nur zutage, wenn ganz besondere Bedingungen erfüllt sind.

## Hellsehen und Blutausstrahlung

Diese Bedingungen liegen im Blut des Menschen beziehungsweise dessen Ausstrahlung. Es ist eine kaum bekannte Tatsache, dass der Zusammenschluss von Geist und Körper nicht so ohne Weiteres funktioniert. Der Geist und die ihn umgebenden feinen Hüllen sind zu ätherisiert, um sich mit dem viel dichteren physischen Körper verbinden zu können. Ein Übergangselement, das die Brücke bildet, ist notwendig – das Blut. Um ganz genau zu sein: Es handelt sich nicht direkt um das Blut – da dieses ja ebenfalls materieller Art ist –, sondern um dessen besondere Ausstrahlung.

Wie alles, so hat auch unser menschliches Blut eine Ausstrahlung. Das heißt, es sendet dem Auge unsichtbare Strahlen aus, deren Eigenschaften von der Blutzusammensetzung abhängen. Diese Blutausstrahlungen verbinden sich mit den Ausstrahlungen, die der Geist, umgeben von seinen feinen Hüllen, aussendet, und gemeinsam bilden diese Strahlungen die nötige Verbindung zwischen dem Geist und dem Körper. Sie sind somit durch eine Strahlungsbrücke miteinander verbunden.

Normalerweise verbindet diese Brücke den

Geist mit dem gesamten Funktionieren des physischen Körpers, also auch mit den irdischen Augen. Manchmal jedoch ergibt es sich, dass durch Veränderungen in dieser Strahlungsbrücke die äußeren Wahrnehmungen so stark in den Hintergrund gedrängt werden, dass der Geist zeitweise nicht mit den Augen des irdischen Körpers in Verbindung steht, sondern mit denen einer feineren Hülle. Daraus entsteht dann die besondere Fähigkeit Hellsehender, etwas zu sehen, was anderen unsichtbar bleibt.

Dass sich eine Blutausstrahlung, die es erlaubt, Naturwesen zu sehen, besonders leicht bei Menschen entwickeln kann, die selbst sehr naturnah leben, ist verständlich. Eine diesbezüglich günstige Strahlungsbrücke ist oft auch bei kleinen Kindern vorhanden. Aber wenn Eltern von »kleinen Männchen« oder Ähnlichem hören, dann denken sie meist, dass ihre Kinder, beeinflusst von Märchen, diese Gestalten nur erfinden, um in der Einbildung mit ihnen spielen zu können.

Bei aufmerksamer Beobachtung könnte man aber manchmal feststellen, dass ein Kind wirklich etwas sieht – zum Beispiel, wenn es ein Spiel, in das es vertieft war, plötzlich unterbricht und überrascht reagiert; oder wenn es tief enttäuscht ist, weil das »kleine Männchen« – solche Kinder sprechen ja nicht von den »Zwergen« aus dem Märchenbuch! – nun weggeht. Meist sehen Kinder auch tatsächlich Gnome. Diese Wesenhaften sind die dichtesten aller Naturwesen. Sie beschäftigen sich mit allem, was mit Boden, Erde oder Gestein zu tun hat und können daher am leichtesten von Menschen gesehen werden.

Die zum Sehen von Wesenhaften notwendige Blutausstrahlung kann sich auch plötzlich in Situationen großer Gefahr einstellen, bedingt durch eine starke physische Erschöpfung und/oder psychische Erschütterung. Der bekannte Pilot Charles Lindbergh, der 1927 mit der ersten Überquerung des Atlantischen Ozeans im Alleinflug Geschichte schrieb, erzählte zum Beispiel, wie er, erschöpft von der Kälte und den ungünstigen Wetterverhältnissen, verzweifelt gegen den Schlafmangel ankämpfte, und wie er es dank der Hilfe von Wesenhaften schaffte, sein Flugzeug doch ans Ziel zu bringen.

Ähnliche Berichte gibt es auch von anderen Piloten oder Menschen in Extremsituationen, wie etwa verschüttet gewesenen Grubenarbeitern.

## Hellsehen ist keine Halluzination

Man interpretiert solche Schilderungen normalerweise als Halluzinationen, hervorgerufen durch Erschöpfung oder Angst. Die Medizin definiert mit diesem Begriff das Sehen von Dingen oder Wesen, die nicht wirklich vorhanden sind. Solche Phänomene können entstehen, wenn das Gehirn und das Nervensystem stark erschüttert sind, zum Beispiel bei hohem Fieber oder durch die Einnahme von Drogen. Ein solcher Ausnahmezustand ruft im Blickfeld des Menschen das Erscheinen von Farbflecken beziehungsweise -formen hervor. Diese Flecken würden, so die wissenschaftliche Annahme, durch den Betroffenen fälschlicherweise als ein Objekt oder Wesen interpretiert.

In unserem Fall müssen wir aber von anderen Zusammenhängen ausgehen, die über die medizinische Betrachtungsweise hinausführen: Die Ermüdung und die starken Emotionen haben auch zu einer Veränderung der Blutausstrahlung geführt – und damit die Möglichkeit eröffnet, etwas auf einer überirdischen Schöpfungsebene tatsächlich Existierendes zu sehen. Solche Schauungen, die ja auch immer Sinninhalte vermitteln, können daher nicht einfach als Halluzinationen abgetan werden, sondern sie sind das Ergebnis besonderer Umstände, die die Blutausstrahlung verändert haben.

**Können Wesenhafte fotografiert werden?**

Ein häufig diskutierter Aspekt in Verbindung mit der Möglichkeit, Wesenhafte sehen zu können, ist die Frage, ob sie – wie manche Aufnahmen es glauben machen wollen – tatsächlich fotografierbar sind. Dabei geht es nicht nur um die Echtheit verschiedener konkreter Bilder, sondern vor allem auch um eine Grundsatzfrage: Wenn Wesenhafte keinen materiellen Körper haben, wie soll es dann möglich sein, dass ihre Anwesenheit ein Abbild auf einer Filmschicht hinterlassen kann?

Zunächst einmal ist festzuhalten, dass die Möglichkeit, Wesenhafte zu fotografieren, nicht von der Empfindlichkeit des Filmes oder den technischen Möglichkeiten des Fotoapparates allein abhängig sein kann – sonst würden schon unzählige Aufnahmen von Naturwesen existieren. Wenn wir also in Betracht ziehen, dass einige der vorgelegten Bilder echt sein könnten, dann müssen die besonderen Umstände, die zu solchen Aufnahmen führen, nicht in der Technik, sondern vielmehr bei der handelnden Person, also dem Fotografen, gesucht werden. Er – oder zumindest jemand in seiner Nähe – muss im Moment der Aufnahme eine besondere Sensibilität, wiederum genauer gesagt: eine besondere Blutausstrahlung, aufweisen.

Unter dieser Voraussetzung müsste es theoretisch möglich sein, dass mehr oder weniger deutliche Aufnahmen entstehen. Denn eine bestimmte Ausstrahlung des menschlichen Blutes kann zu einer Verdichtung der gröbsten jenseitigen Hülle eines Naturwesens beitragen – ein Vorgang vergleichbar der Kondensation von Wasserdampf zu Wolken und Regentropfen: Auch hier verdichtet sich durch äußere Einflüsse das Unsichtbare zum Sichtbaren.

In spiritistischen Kreisen kennt man dieses Phänomen ebenfalls: Jenseitige Geister, die normalerweise den irdischen Augen unsichtbar verbleiben müssen, können bei entsprechenden Sitzungen durch die Blutausstrahlung bestimmter Medien vorübergehend mehr oder weniger sichtbar werden. Auch hier verdichtet sich die äußerste feinerstoffliche Hülle des jenseitigen Geistes so sehr, dass er gesehen und – traut man den diesbezüglich vorgelegten

Beweisen – mitunter sogar fotografiert werden kann.

Analog muss man auch die Fotografie von Naturwesen für grundsätzlich denkbar halten, wenn dies auch nur in außergewöhnlichen Situationen möglich sein wird.

## Sehen und schauen

Die Tatsache, dass Hellsichtigkeit üblicherweise nicht permanent, sondern nur zeitweise auftritt – die meiste Zeit sieht ein Hellsehender ja »ganz normal« mit seinen irdischen Augen –, erklärt auch, warum oft geschildert wird, die Wesenhaften würden »plötzlich« Form annehmen beziehungsweise im Blickfeld erscheinen. Man erwartet eine solche Beschreibung vielleicht nicht, weil wir daran gewöhnt sind, dass das, was wir mit irdischen Augen sehen, immer vor uns ist, beziehungsweise ganz konkret in unser Blickfeld kommt und nicht erst »erscheint«. Doch diese Schilderung ist für das Schauen mit den inneren Augen ganz normal, sie entspricht der Erklärung über die Veränderung der Blutausstrahlung. Diese nimmt einen bestimmten Zeitraum in Anspruch. So kann sich ein Naturwesen vor einem Menschen befinden, der es normalerweise sehen kann, es aber in diesem Augenblick doch nicht sieht, weil die dafür nötige Blutausstrahlung noch nicht die entsprechende Veränderung erreicht hat.

Wenn diese Bedingung erfüllt ist, dann kann der Betreffende das Naturwesen Form annehmen sehen (wenn die Veränderung der Blutausstrahlung langsam vor sich geht), oder er sieht das Wesen plötzlich vor sich (wenn sich der Prozess schnell vollzieht). Das Phänomen des Erscheinens hängt also nicht von dem Wesenhaften ab, sondern von den Fähigkeiten des Hellsehenden.

Die zentrale Frage, die wir uns zu Beginn gestellt hatten – warum nur einige wenige Menschen Naturwesen visuell wahrnehmen können –, ist damit beantwortet: Es sind bestimmte hellseherische Fähigkeiten notwendig, die mit einer speziellen Blutausstrahlung einhergehen.

Die Natur kann jeder sehen, die Wesenhaften aber muss man schauen können – oder man empfindet ihre Gegenwart mit anderen »Antennen«.

## 2. Das weltweite Wissen über die Wesenhaften

In Märchen und Legenden werden oft Begegnungen zwischen Menschen und Wesenhaften beschrieben. Es handelt sich dabei zum Beispiel um Geschichten über Hirten, die von den Wesenhaften Hilfe bei der Bewachung und Pflege ihrer Herden erhalten; über Menschen, die bei starken Gewittern unvermutet einen schützenden Unterstand finden oder durch wesenhafte Hilfe nach Hause geführt werden, nachdem sie sich im Nebel verirrten. Auch findet man Erzählungen über Hirten, die vom genauen Zeitpunkt erfuhren, wann sie ihre Tiere in die Berge hinauf oder auch wieder hinunter ins Tal führen sollen, wo sie lawinensichere Hütten und Ställe bauen oder wie sie einem Erdrutsch entgehen können. Man erfährt von Bauern, denen der günstigste Moment zum Säen, Ernten oder zur Durchführung verschiedener Feldarbeiten angegeben wird; von Fischern, denen gezeigt wird, wo sie ihre Netze auswerfen sollen; von Bergarbeitern, denen bei ihrer Tätigkeit geholfen wird und so weiter.

Die Märchen und Legenden enthalten auch oft Darstellungen, wie wesenhafte Helfer den Menschen neue Möglichkeiten weisen, um das, was die Natur bietet, zu nutzen. Es wird ihnen zum Beispiel gezeigt, wie Metalle zu schmieden sind, welche Tonerde sich am besten für stabile Töpferware eignet, welche Pflanzenfasern zum Weben gewählt werden sollen, wie man vorgehen kann, um besseren Käse zuzubereiten, wo gegraben werden soll, um eine Quelle zu finden oder welche Heilpflanzen sich zur Behandlung bestimmter Krankheiten eignen.

Geschichten dieser Art gibt es unzählige. Man findet sie in allen Ländern Europas. Daraus könnte man nun schließen, dass solche Erzählungen etwas für unsere Region beziehungsweise Kultur Typisches seien. Es gibt jedoch ähnliche Beschreibungen in den Märchen und Legenden aller Teile des Erdballes, das heißt, sowohl bei den Eskimos im Hohen Norden als auch bei den einheimischen Stämmen im Süden von Ozeanien, in den Ländern Afrikas wie auch in Indien, China und Japan – oder beispielsweise bei den Indianerstämmen Nord- und Südamerikas und so weiter.

Überlieferungen und Berichte über Kontakte mit Naturwesen stammen auch aus allen denkbaren Naturgebieten. Völker, die in hohen, entlegenen Bergtälern wohnen, kennen sie ebenso wie Insel-, Wüsten-, Tropen- oder Urwaldbewohner. Dabei bezeugen nicht nur kleine, besonders naturnah lebende Stämme durch persönliche Erfahrungen oder alte Überlieferungen die Existenz der Wesenhaften. Auch in den großen Zivilisationen, die breite Spuren in der Menschheitsgeschichte hinterlassen haben, war das Wissen um wesenhafte Kräfte vorhanden: in der mesopotamischen ebenso wie in der griechischen oder römischen Hochkultur, in der chinesischen ebenso wie in der ägyptischen oder jener der Inkas.

Man kann also gut von einem weltweiten Wissen über die Wesenhaften sprechen.

Gnome beispielsweise werden in Indien Bhoutas oder Pretas genannt; die Moslems kennen die Begriffe Genius oder Djinn. Im »Talmud«, dem religiösen Buch der Juden, werden die Gnome als die Hüter der Erde und der unterirdischen Welten bezeichnet, während sie bei den Azteken Tepictoton genannt werden, die sich der Überlieferung nach vorwiegend um die Berge kümmern. Die brasilianischen Traditionen erwähnen einen die Wälder schützenden Gnom namens Kurupira, ägyptische Überlieferungen sprechen von Bes, einem bärtigen und unförmigen Gnom, der jedoch sehr populär ist, da er die Menschen beschützen soll. Die Iroquois-Indianer unterscheiden drei Hauptarten der »Gnome«, je nachdem, ob diese sich mit den Felsen und dem Wasser, den Pflanzen und den Strömen oder dem Boden und den Höhlen befassen. Unabhängig von den »Zutaten« der landesspezifischen Überlieferungen erweisen sich alle diese Wesenheiten jedenfalls als entfernte Verwandte »unserer« Gnome – und es fällt auf, wie einheitlich die Beschreibung dieser Naturwesen in den Überlieferungen der unterschiedlichsten Kulturen vorkommt.

Nixen – Wesenhafte, die dem Element Wasser verbunden sind – kannte man ebenfalls überall. Im antiken Griechenland und auch Rom ging man davon aus, dass jeder Fluss, Strom, Bach, Weiher, See, jede Quelle und natürlich auch das Meer von Nixen, Seefrauen, Nymphen oder ähnlichen Wesenheiten bevölkert ist. In Afrika war dies ebenso der Fall wie bei den nordamerikanischen Indianern. In Ozeanien oder bei den Eskimos sprach man – bedingt durch die Naturgegebenheiten – vorwiegend von Wesenheiten, die mit dem Meer, den Buchten, Fluten, Wellen und so weiter in Verbindung stehen.

Viele Traditionen überall in der Welt erwähnen auch riesige Wesenheiten, die vor allem zu Beginn der Formung unseres Planeten tätig waren. Es sind die Asouras der Inder, die Titanen der Griechen, die Riesen der nordisch-skandinavischen Traditionen und so weiter. Ihre enormen Ausmaße und ihre gewaltigen Kräfte geben ein Bild von ihrem Mitwirken bei der Gestaltung der Erdoberfläche – der Täler, Hügel, Gebirge, Felswände und Abgründe.

Stets werden die Wesenhaften so beschrieben, dass ihre Gestalt und Größe genau der jeweiligen Tätigkeit angepasst sind. Wenn die Riesen groß sind, so deshalb, weil sie sich mit Dingen großen Umfanges befassen. Die Elfen sind klein, wenn sie das Wachstum zarter Blumen unterstützen, und entsprechend kräftiger und größer, wenn ihre Zuwendung beispielsweise einem Baum gilt. Die Gnome wirken ebenso »dicht« wie die Felsen und die Erde, die Nixen dagegen so fließend und beweglich wie das flüssige Element, dem sie zugehören. Luftwesen wiederum wirken leicht wie die Luft selbst. Immer stimmen die Eigenschaften der nicht materiellen, feinerstofflichen Körper der Naturwesen mit der Aufgabe überein, die sie zu erfüllen haben. Form und Tätigkeit stehen im Einklang – diese Logik gilt überall in der Natur.

## Die »Götter« der Antike

Zu den Wesenhaften gehören jedoch nicht nur alle Wesenheiten, die wir bisher erwähnten, die also in unmittelbarer Verbindung mit der Materie stehen und diese mit ihrer Kraft durchdringend formen, beleben und leiten. Den Überlieferungen zufolge gibt es vielfältige Arten von »Arbeitskräften«, die durch andere, höhere Wesenhafte geleitet und koordiniert werden. Nochmals darüber gibt es eine beschränkte Anzahl Wesenhafte einer noch höheren Art, die die ganze Hierarchie leitet. Jene Völker, die von ihnen Kenntnis hatten, verehrten sie als »Götter«. Es sind dies die gut bekannten »Götter« der griechischen und römischen Antike: Zeus, der Gott des Himmels und der meteorologischen Phänomene im Allgemeinen; Poseidon, der Gott der Meere; Artemis, die Göttin der wilden Erde (Wälder und Wiesen); Demeter, die Göttin der kultivierten Erde und der Fruchtbarkeit, oder Hephaistos, der Gott des Feuers und der Vulkane, um nur einige aufzuzählen.

Diese »Götter« stehen als treibende Kräfte hinter den Naturphänomenen, sie wurden aber auch bestimmten Tugenden zugeordnet, die in Verbindung mit ihrer Tätigkeit stehen. Zum Beispiel dem Gerechtigkeitssinn (Zeus), der Anmut (Aphrodite), dem Mut (Mars), der Wachsamkeit (Athena), der Demut und dem Pflichtbewusstsein (Merkur), der Treue (Hera), der Reinheit (Artemis) und so weiter.

Solche »Hauptgötter« der griechischen, römischen oder germanischen Mythologie, die also in Europa erwähnt wurden, findet man – mit einigen Abweichungen – auch in Afrika, Asien und in Amerika. Alle Traditionen schreiben diesen »Göttern« einen Wohnsitz im Himmel zu, von den Griechen Olymp, den Germanen Walhall und den Kelten Tir-na-Moe genannt.

Das Einflussgebiet jedes Gottes und die Fähigkeiten, die ihm jeweils zugeschrieben werden, ähneln einander ebenfalls. Überall gibt es einen »Gott des Himmels«, der gleichzeitig der »Gott« des Gewitters ist und Blitze mithilfe einer Waffe oder eines Werkzeuges schleudert. Bei den Griechen ist es Zeus mit seiner Lanze; bei den Römern Jupiter, ebenfalls mit einer Lanze ausgestattet; bei den Germanen ist es Thor (Donar) mit seinem Hammer; bei den Inkas Catequil mit seiner Schleuder; in China Lei-Kong mit Holzhammer und Meißel; die Iroquois-Indianer kennen Hino mit Bogen und Pfeilen; in Mosambik wird der Gott Tilo genannt; in Guinea Nyamie; in Senegal Rockh-Sene; in Guatemala Hurakan; in Indien Indra.

Die Namen dieser »Götter« ähneln einander manchmal sehr. Beispielsweise wird die Gottheit, die für das Feuerelement verantwortlich ist, in Indien Agnis genannt, Ogni von den slawischen Völkern, Ignis bei den Römern. Die Ordnung der Natur ist in Griechenland von Uranus abhängig, und von Varuna in Indien.

Alle diese Beispiele zeigen, dass die Völker und Zivilisationen die Natur früher nicht nur als Materie betrachteten, sondern ihr Wirken personifizierten, es gestalthaften Kräften zuschrieben, die auch – abhängig von der jeweiligen Aufgabe – bestimmte Eigenschaften aufwiesen. Weltweit zeigt sich dabei das einheitliche Bild einer hierarchischen Ordnung wesenhaften Wirkens, an deren oberster Stelle eine Gruppe höchster »Götter« gemeinsam wirkt.

Eine solche einheitliche Weltsicht kann überraschen. Denn abgesehen von wenigen kultur- und milieubedingten Unterschiedlichkeiten stimmen auf der ganzen Erde die Beschreibungen der Wesenhaften und ihrer Führer (der »Götter«) im Grunde auf erstaunliche

Weise überein. Wie ist so etwas möglich? Woher kommt diese Einheitlichkeit?

**Woher stammt das Wissen?**

Hier stehen zwei Hypothesen einander gegenüber. Die erste erklärt das ganze Wissen über die Wesenhaften zur menschlichen »Erfindung«, die sich durch mündliche oder schriftliche Überlieferung über den Erdball verbreitet hat. Demnach hat man sich irgendwann in der Geschichte vorgestellt, dass die Natur von personifizierten Kräften belebt wird, und diese Annahme hat sich sodann langsam über den ganzen Erdball verbreitet.

Die zweite Hypothese geht hingegen von etwas Naheliegenderem aus: Der Grund dafür, dass so viele verschiedene Völker der Erde von der Existenz der Wesenhaften überzeugt sind und sie auch auf ganz ähnliche Weise beschreiben, liegt einfach darin, dass diese Wesenheiten eben wirklich überall gesehen wurden. Es gab also keine Überlieferung haltloser Vorstellungen, sondern es wurde in jedem Volk lokal einfach das verarbeitet, was ursprünglich auf persönlichen Erfahrungen und Erlebnissen beruhte.

Diese Erlebnisse mussten allerdings sehr markant und unzweifelhaft gewesen sein, um die daraus entstandenen Überlieferungen so klar erstehen zu lassen. Wären sie nur aus irgendwelchen Träumereien, Fantastereien oder Spekulationen hervorgegangen, müssten die Beschreibungen aus den verschiedenen Regionen der Erde sehr verschieden sein. Wie wir gesehen haben, stimmen sie jedoch weitgehend überein – eine Tatsache, die sich in die zweite Hypothese fügt.

Dass eine getreue Übermittlung irgendeines menschlichen Gedankenspiels sich schließlich über die ganze Welt ausbreitete, wie dies von der ersten Hypothese unterstellt wird, muss man übrigens schon vom Prinzip her in Zweifel ziehen. Denn es ist wohlbekannt, dass jede Information, die von Mund zu Mund über eine ganze Reihe von Zwischenpersonen weitergegeben wird, umso mehr Veränderungen erfährt, je öfter sie übermittelt wird. Teile der ursprünglichen Information werden bald weggelassen, verbogen und durch neue Elemente ergänzt, und was am Ende herauskommt, hat nichts mehr – oder nur noch sehr wenig – mit der anfänglichen Information zu tun. Außerdem stehen der Verbreitungshypothese geografische Gegebenheiten entgegen: Zu jener Zeit, da diese Überlieferungen sich weltweit hätten ausbreiten sollen, bedeuteten Ozeane, hohe Gebirgszüge, Wüsten und so weiter schier unüberwindbare Hindernisse. Und doch findet sich das Wissen von den Wesenhaften auf beiden Seiten des Atlantischen und Pazifischen Ozeans, in Asien wie in Australien, auf beiden Seiten der Alpen und des Himalajas, im Norden wie im Süden der Sahara ...

Und abgesehen davon: Damit sich das Wissen von den Wesenhaften so markant und in aller Welt ähnlich darstellen konnte, hätte wohl – geht man von einer einheitlichen Überlieferung als Grund dafür aus – ein echter »Missionargeist« tätig sein müssen, der das Wissen belebt und unterhält, wie etwa im Falle der Christus-Botschaft.

Gab es einen solchen Missionseifer bei den infrage kommenden Völkern? Den Historikern und Ethnologen zufolge nein. Diese heben nämlich gerade das Fehlen von Missionsbestrebungen als besonders typisches Merkmal hervor, wenn es um Völker geht, bei denen der Glaube an die Wesenhaften im Mittelpunkt stand. Selbst damit beschäftigt, ihre innige Verbindung mit bestimmten »Naturgeistern« zu pflegen, war es diesen

Völkern recht, wenn ihre Nachbarn zu anderen Wesenhaften Verbindung suchten als sie selbst.

**Durch die Zeiten ...**

Auf das Wissen von der Existenz der Wesenhaften trifft man nicht nur überall auf der Welt, sondern man findet es auch zu allen Zeiten, soweit man in die Menschheitsgeschichte zurückblickt.

Die ältesten Zeugnisse, die uns Hinweise darauf geben, dass die Menschen mit Wesenhaften in Kontakt standen, sind Höhlen- beziehungsweise Felszeichnungen, die vor mehr als 25.000 Jahren entstanden. Wenn dabei auch vorwiegend Tiere dargestellt wurden, so findet man doch auch einige menschenähnliche Formen, die aber eher Wesenhaften gleichen als Menschen – etwa auf den Zeichnungen des Tassili-Massivs (Sahara), von Kimberly (Australien) und so weiter.

Noch eindrucksvollere Zeugnisse erscheinen ab dem 5. Jahrtausend vor Christus mit Statuen und Wandmalereien, die Naturgeister und »Götter« in den Stadtstaaten Mesopotamiens und in den ersten ägyptischen Reichen darstellen. Ab dem 4. Jahrtausend vor Christus findet man solche Zeugnisse in Indien, China und Übersee – in Peru, wo die ersten Tempelpyramiden gebaut wurden. Ab dem 2. Jahrtausend vor Christus wird der Bezug zu den Wesenhaften bei den Assyrern und Phöniziern sichtbar, besonders jedoch in Griechenland, wo sich ein entsprechender Kult entfaltet.

Im selben Zeitraum huldigen viele verschiedene Völker ihren wesenhaften »Göttern« – auch dort, wo später Israel entstehen sollte. Gegen diesen »Götter«-Kult, der sich jedoch nicht weiterentwickelte, sondern vermenschlicht wurde und sank, anstatt höher, hin zum Eingottglauben, zu führen, kämpfen die Juden später an, nachdem ihr Stammvater Abraham (etwa um 1800 vor Christus) die Offenbarung empfangen hatte, dass es in Wahrheit nur einen einzigen Gott gibt, der über allem steht, und nachdem Moses (gegen 1250 vor Christus) die Zehn Gebote Gottes empfangen durfte.

Im letzten Jahrtausend vor der Geburt Jesu ist der Glaube an Wesenhafte und »Götter« im ganzen Römischen Reich lebendig, ebenso bei den Völkern, die – wie die Gallier und Helvetier – mit Rom in Kontakt standen. Und noch zwei Jahrhunderte nach Christi Geburt erlebt der germanische »Götter«-Kult einen neuen Höhepunkt.

Die christliche Kirche versucht dagegen – vor allem in den Jahrhunderten des Mittelalters –, nicht nur den Glauben an die »Götter« (der damals in unseren Breiten ohnehin nur noch schwach vorhanden war), sondern auch an die Existenz der »kleinen Wesenhaften«, der Gnome, Elfen und Feen, auszurotten. Dieses Unternehmen gelingt jedoch nicht, und es steht auch im Gegensatz zum Gedankengut bedeutender Persönlichkeiten der kirchlichen Welt. Hildegard von Bingen beschrieb im 12. Jahrhundert in ihrem Werk »Das Buch vom verdienstvollen Leben« beispielsweise eine Klage der »Elemente der Welt«:

> *»Und ich hörte, wie sich mit einem wilden Schrei die Elemente der Welt an den Mann Gottes wandten. Und sie riefen: ›Wir können nicht mehr laufen und unsere Bahn nach unseres Meisters Bestimmung vollenden. Denn die Menschen kehren uns mit ihren schlechten Taten wie in einer Mühle von unterst zu oberst.*
> *Wir stinken schon wie die Pest und vergehen vor Hunger nach der vollen Gerechtigkeit.‹«*

Im 14. und 15. Jahrhundert erfährt der »Götter«-Kult bei den Inkas und Azteken einen bedeutenden Aufschwung. Und in Europa ist es im 16. Jahrhundert der berühmte Arzt Paracelsus, der das Wissen um die Wesenhaften aufrechterhält. Für ihn, unter den zahlreichen Dingen welche die Natur enthält befinden sich ebenfalls die Elementarwesen (Gnome,Elfen, ...) welche er in vier grosse Gruppen aufteilte: Nixen (Wasser), Sylphen (Luft), Gnome (Erde) und die Salamander (Feuer). Obwohl die christliche Kirche seiner Zeit sie für teuflische Wesen hält, betrachtet er sie als einen wichtigen Teil der Schöpfung Gottes. Deshalb studierte er sie genauso wie alles andere in Natur. Er widmet ihnen eines seiner zahlreichen Werke: „Ex libro de nymphis, sylvanis, pygmalis, salamandris et gigantibus". Er meinte, dass er wohl über dieses Thema schreiben könnte, da er sie kennt, weil er sie sieht.

Bis zum 17. und 18. Jahrhundert halten die Indianer Nordamerikas den engen Kontakt mit der Natur und den Wesenhaften aufrecht, ebenso wie die Ureinwohner Australiens, die um diese Zeit von James Cook entdeckt werden. Im 19. und 20. Jahrhundert wird der Glaube an die Wesenhaften durch das Christentum in den Hintergrund gedrängt. Doch haben es christliche Missionare in fast allen Regionen der Erde mit Völkern zu tun, die von der Wirklichkeit »höherer Wesenheiten« überzeugt sind.

Und noch heute ist das Wissen um die Wesenhaften – durchaus nicht nur durch die Märchen und Legenden – in einem Teil der Weltbevölkerung verankert.

## Ein primitiver Glaube?

Wer den Kontakt zu den Wesenhaften und ihren Führern als »falschen, primitiven Glauben« abtun will, muss jedenfalls zur Kenntnis nehmen, dass dieser Glaube außerordentlich langlebig ist. Falsche Begriffe und Vorstellungen, die wir Menschen uns machen, überdauern für gewöhnlich nur eine kurze Zeit, ehe sie durch neue Vorstellungen ersetzt werden. Nach einigen Jahren, Jahrzehnten, vielleicht Jahrhunderten wird dann der Irrtum beziehungsweise die Realitätsferne häufig erkannt.

Daran gemessen kann es sich beim »Glauben« an die Wesenhaften keinesfalls um eine Fehlvorstellung handeln. Denn er überdauerte Jahrhunderte und Jahrtausende und ist auch heute nicht auszurotten. Die Vorstellung von »Göttern«, von Elfen, von Gnomen oder anderen Elementarwesen kann nicht die Frucht menschlicher Einbildung sein, sondern sie ist das Ergebnis wahrer Schauungen, tatsächlichen Erlebens.

Wenn dieses Wissen also in der ganzen Geschichte der Menschheit präsent war – hier einmal in Vergessenheit geratend, dort aber wieder neu erstehend –, so nicht nur deshalb, weil es auf erstaunliche Art und Weise von Generation zu Generation weitergegeben wurde, sondern weil es zu jeder Zeit wiederentdeckt werden konnte. Es geht bei den Wesenhaften ja um Naturkräfte, die für alle Entwicklungsprozesse notwendig sind, die untrennbar zur Natur selbst gehören. Und zu dieser lebendigen Wirklichkeit Zugang zu finden, war und ist zu allen Zeiten möglich.

Die Geringschätzung oder sogar Verachtung, die dem Glauben an Wesenhafte beziehungsweise »Götter« manchmal entgegengebracht wird, ist unangemessen. Man dürfte diese naturverbundenen Glaubensvorstellungen nicht durchweg als »primitiv und haltlos« abtun, weil man dabei vielleicht an verzerrte Überzeichnungen wie Menschenopfer oder andere Abscheulichkeiten denkt. Solche Praktiken sollten nicht als die Grundessenz religiöser Kulte missverstanden werden, sondern es sind meist unglückliche Verirrungen, wie man sie übrigens in den meisten Religionen, das Christentum mit inbegriffen, entdecken kann.

Auch die zahlreichen Opfergaben, in denen oft eher ein Handel mit den »Göttern« als deren Verehrung zum Ausdruck kommt, sollten nicht zum übereilten oder oberflächlichen Urteil verleiten, dieser Glaube sei primitiv und letztlich nur dem Irdischen verhaftet. Die größten Frühkulturen – zum Beispiel die assyrische, griechische, römische, ägyptische, chinesische, indische oder die der Inkas – wurden von Menschen geformt, die den »Götter«-Kult pflegten. Historikern zufolge haben diese Zivilisationen ihren Aufschwung nicht trotz ihres Glaubens genommen, sondern dank ihm. Anders ausgedrückt: Der Bezug zu den Wesenhaften und deren hohen Führern hat das Entstehen und die Entfaltung aller höheren Kulturen begünstigt, Kunst, Sitten, soziale Gebräuche und so weiter gefördert.

Lange Zeit entbehrten die frühen Hochkulturen tatsächlich nicht hoher Ideale und moralischer Werte, wie sie für jede Gesellschaft, die Bestand haben will, unentbehrlich sind. Der Glaube an die »Götter« förderte Respekt und Ordnung. Er unterstrich die Notwendigkeit, ehrlich, gut, geradlinig zu leben und wandte sich gegen Wortbruch, Lüge, Diebstahl oder Betrug. Er verherrlichte Tugenden wie Mut, Wachsamkeit, Selbstbeherrschung, pries die Weisheit, das Sichaufopfern für andere und die Pflichterfüllung. Er verhalf dem Menschen auch zur Erkenntnis, dass in der jenseitigen Welt Mächte existieren, die ihm weit überlegen sind, denen er sein Dasein zu verdanken hat, von denen er abhängig ist – und dass diese Mächte die Welt mit Weisheit und Liebe leiten, während es die Aufgabe des Menschen ist, den höheren Willen zu achten und sich der Hilfe aus jenseitigen Welten für würdig zu erweisen. Es genügt, die Gebetstexte früherer Kulturen zu lesen, um festzustellen, dass der »Götter«-Kult die Menschen zum Guten führen wollte, dass mit ihm das Edle gestärkt, die innere Reife gefördert werden sollte.

In der antiken griechischen Hochkultur, die als Wiege der westlichen Zivilisation bezeichnet wird, bildete der Glaube an die »Götter« den Verbindungsstrang zwischen den Städten. Er festigte die Gesellschaft, prägte

Kunst, Architektur, Literatur, Philosophie, Wissenschaft und Politik. Das »griechische Wunder«, von dem man noch heute spricht, der unvorstellbare Aufschwung der griechischen Kultur, ist nicht zuletzt auf den »Götter«-Glauben zurückzuführen, der auch große Denker wie Sokrates, Platon und andere erfüllt hat.

Platon beispielsweise gab der skeptischen Jugend von damals zu bedenken, dass die Erfahrungen des Lebens sie dazu führen würden, sich der Existenz der »Götter« bewusst zu werden. Dieser Glaube sei »das Wichtigste für den Menschen«, da er »von seinem guten oder schlechten Betragen« abhängig sei (Platon: »Die Gesetze«).

Der große Philosoph Sokrates fühlte sich mit einer Mission, als Weiser zu leben, »von Apollon erfüllt«. Er strebte an, in Harmonie mit dem Willen und der Weisheit von oben zu leben und seinen Nächsten dazu anzuregen, ein Gleiches zu tun.

Die »Götter« bildeten für die Menschen damals auch Idealverkörperungen – jede Gottheit war in ihrer Vorstellung einer Tugend verbunden: Ares stand für den Mut, Zeus für die Gerechtigkeit, Athena für die Wachsamkeit, Apollon für die Aufrichtigkeit und so weiter. Sich diesen Vorbildern so weit wie möglich zu nähern, indem sie diese Tugenden in sich selbst entwickelten – das strebten die alten Griechen aktiv an. Das Niedere, Minderwertige wurde demzufolge geringgeschätzt. »Zeus hilft nie den Lügnern und denen, die ihr Gelübde nicht halten«, heißt es in der »Ilias«. Glaube allein war demnach nicht ausreichend. Entscheidend war das Sein und Handeln, denn, so sagt die »Ilias« weiter, »um durch die Hilfe Zeus' begünstigt zu werden, muss man ihm in Worten und Taten gefallen«.

## Mythologie und Religion

Viele Menschen können sich noch heute für die alte griechische Kultur begeistern, doch nur wenige für den griechischen »Götter«-Glauben, der der Entfaltung dieser Kultur zugrunde liegt. Man unterstellt, dass dieser Glaube nur auf erdichteten, märchenhaften, unglaublichen Grundlagen beruhe und dass eine solche »Mythologie der übernatürlichen Wesen« nicht auf eine Ebene mit den großen Religionen und ihren »heiligen Texten« gestellt werden könne. Im Hinblick darauf sollte vielleicht einmal geklärt werden, was Mythologie tatsächlich ist.

Eine bemerkenswerte Definition aus »Larousse, Enzyklopädie der Mythologie« (englische Ausgabe) hilft uns dabei weiter:

> *»Die Mythologie ist das Studium der religiösen und heldenhaften Legenden, die demjenigen, der sie ergründet, so fremd erscheinen, dass er sie nicht für wahr halten kann.«*
>
> (Robert Graves)

Die Schwierigkeit oder Unmöglichkeit, Überlieferungen über Wesenhafte oder »Götter« für wahr zu halten, hat dazu geführt, dass man das Wort »Mythos« heute auch im abwertenden Sinn für eine falsche Vorstellung oder überhaupt für ein Lügengebäude verwendet. Daher bezeichnet man einen Menschen, der krankhaft sich selbst und andere belügt, beliebige Gegebenheiten erfindet und es demzufolge mit der Wahrheit nicht genau nimmt, als »Mythomanen« beziehungsweise die Lügensucht als »Mythomanie«. Aber, wie die oben angeführte Definition durchblicken lässt: Nicht der Mythos, die Überlieferung selbst muss das Unglaubliche sein, sondern die Ungläubigkeit liegt vorerst einmal bei demjenigen, der sich mit dem Mythos beschäftigt. Ihm fehlen oft Anhaltspunkte, Erfahrungen und vor allem der kulturelle Hintergrund, der es erlauben würde, das Wesentliche in den Überlieferungen zu erfassen. Und so wird das fremd Erscheinende oft zur Mythologie, während das, was in die vertrauten Glaubensvorstellungen passt, dem Gebiet der Religion zugeordnet wird.

Ein indischer Student würde beispielsweise einen Text der hinduistischen »Bhagavadgita« ohne Weiteres als »religiös« bezeichnen, während ein europäischer Student wohl eher von einem mythologischen Text sprechen würde. Umgekehrt könnten Texte des Neuen Testaments von einem nicht-christlichen Studenten dem Gebiet der Mythologie zugeordnet werden. Daher finden sich in der europäischen Mythologie keine biblischen Texte.

Diese Einordnung erscheint jedoch willkürlich und paradox, umso mehr, als es zahlreiche inhaltliche Parallelen zwischen »religiösen« und »mythologischen« Überlieferungen gibt. Die Geschichte Noahs, der die Sintflut überwand, indem er eine Arche baute, ist dafür ein Beispiel. Diese Geschichte, von der wir unseren Kindern erzählen und die wir als unserer eigenen Religion zugehörig erachten, findet sich in ähnlicher Form auch in der griechischen, babylonischen, sumerischen, indischen, persischen, melanesischen, polynesischen, australischen sowie süd-, mittel- und nordamerikanischen Mythologie!

Warum also sprechen wir von »religiösen Überlieferungen« (denen wir einen bestimmten Wahrheitsgehalt zubilligen), wenn ein Bericht der »Bibel« entstammt, hingegen von einem »unglaublichen Mythos«, sobald der Bericht aus einer anderen Quelle kommt?

Für viele Christen wäre es schwer zu akzeptieren, würde man die »wahren« biblischen Texte als »Mythologie« bezeichnen. Das könnte sogar als schockierend empfunden werden.

Objektiv gesehen findet man in der »Bibel« aber ebenso fantastisch anmutende Erzählungen wie in anderen Überlieferungen. Ist es zum Beispiel vorstellbar oder mit den Schöpfungsgesetzen ohne Weiteres vereinbar, dass das Rote Meer sich vor Moses geöffnet hat? Dass die Patriarchen der »Bibel« (Adam, Noah und Seth) mehr als 900 Jahre alt wurden? Dass Sara, Abrahams Frau, mit 90 Jahren ein Kind erwartete? Dass Jonas, von einem Fisch verschluckt, drei Tage später wieder lebend aus ihm herauskam? Dass Wasser in Wein verwandelt wurde? Dass Eva aus einer Rippe geschaffen wurde?

Welcher grundsätzliche Unterschied besteht zwischen dem biblischen Bild der Engel, die den Menschen Botschaften übermitteln, und dem »Götter«-Boten Merkur der griechischen Mythologie, der genau das Gleiche tut? Zwischen dem Einstürzen der Mauern von Jericho unter dem Schall der feindlichen Trompeten und der Zerstörung der Städte durch die von Poseidon ausgelösten Erdbeben?

Die Unterschiede sind in Wirklichkeit sehr klein. Nur wir empfinden sie als groß, sobald die eine Überlieferung zu unserer religiösen Heimat gehört und die andere nicht.

Der Glaube an die Wesenhaften und deren hohe Führer hätte durch den Eingottglauben nicht verdrängt, sondern ergänzt werden sollen. Gnome, Elfen und »Götter« hätten als Diener des Einen, Höchsten erkannt werden können. Das Wissen von den Wesenhaften findet man weltweit, in allen Regionen und Epochen, in den Wissensgrundlagen aller Religionen. Auch in der »Bibel«? Sehen wir jetzt, was diese von den Wesenhaften kündet ...

## 3. Die »Bibel« und die Wesenhaften

*Am Anfang schuf Gott Himmel und Erde*: Diese bekannten Worte am Beginn der »Bibel« eröffnen den Bericht der Genesis. Man erfährt, dass die Schöpfung auf den allmächtigen Gott zurückgeht, wobei mit Schöpfung nicht nur die Erde gemeint ist, auf der wir uns befinden, sondern die Gesamtheit der (wie wir heute wissen) Milliarden von Galaxien – Ausmaße, die jenseits unseres Vorstellungsvermögens liegen.

Gott schuf das gigantische Universum, das uns umgibt. Dies vollzog sich nicht augenblicklich. Die Genesis erwähnt, dass dem siebten Tag, dem »Ruhetag« des Schöpfers, sechs »Arbeitstage« vorangingen, unter denen man natürlich Zeitspannen verstehen muss, nicht unsere 24-Stunden-Tage.

Angesichts der immensen Größe des Schöpfungswerkes und der Vielfalt der belebten oder unbelebten Formen, die sich darin befinden, kommt der gläubige Mensch nicht umhin sich zu fragen, wie das alles vor sich gegangen sein soll. Sollte Gott ganz allein Himmel, Sterne, Erde, Meer, Pflanzen, Tiere und zuletzt die Menschen, also die ganze Schöpfung bis in ihre kleinsten Einzelheiten, geschaffen haben? Die Myriaden großer und kleiner Himmelskörper, die unzähligen Pflanzen- und Tierarten mit ihren unterschiedlichen Formen und Eigenschaften? Und jetzt, da nach langen Entwicklungsprozessen all dies geformt ist, nimmt der Schöpfer sich jedes Details in seinem Werk immer noch persönlich an? Ist er allein überall gleichzeitig, um alles zu sehen, zu überwachen, zu kontrollieren, es zu lenken, anzuregen, zu beleben?

Diese Fragen werden mit dem Hinweis auf die »Allgewalt und Allweisheit Gottes« oft bejaht. Und diese Sichtweise, alles Formen, Lenken und Leiten direkt und ausschließlich mit dem Schöpfer zu verbinden, lässt im Grunde keinen Platz für die Diener Gottes, für die vielen wesenhaften Geschöpfe, die – wie zum Beispiel die Naturwesen – im Willen des Schöpfers wirken und für das Naturgeschehen verantwortlich sind.

Doch der Auffassung eines »allein wirkenden Gottes« steht auch die »Bibel« selbst entgegen. Denn in ihr sind viele Kreaturen – die aber weder Mensch noch Tier sind – erwähnt, die für Gott in der Schöpfung tätig sind.

## Die Diener Gottes

Die »Bibel« beschreibt diese Wesen deutlich als Diener. So zum Beispiel Cherubine, die, mit leuchtenden Schwertern bewaffnet, den Garten Eden bewachen (Genesis 3, 24). Ezechiel (1, 4–21) spricht in seinen Schauungen von Wesen, die sich »in den Wolken« fortbewegen und Blitze schleudern (wie man dies in der griechischen Mythologie Zeus zugeschrieben hat). Und immer wieder findet man in den biblischen Texten Engel, die Botschaften übermitteln und kommen, um anzukündigen, zu ermahnen und zu schützen. Jesus erwähnte zum Beispiel »zwölf Legionen Engel« (Matthäus 26, 53), die zu seiner Hilfe kommen könnten, wenn er darum bitten würde.

Diese Beispiele legen nahe, dass außer den Menschen und Tieren noch andere Kreaturen existieren – und dass Gott eben nicht allein handelt, sondern dass unzählige wesenhafte Geschöpfe in seinem Werke tätig sind. »Ja«, könnte man dem entgegnen, »die ›Bibel‹ spricht von Engeln, die Botschaften übermitteln – aber zwischen diesen Kündern Gottes und den Wesenhaften besteht doch ein himmelweiter Unterschied?!«

Auf den ersten Blick ist es tatsächlich so, dass die Engel als Übermittler von Gottesbotschaften in Erscheinung treten, denn dafür nennt die »Bibel« viele bekannte Beispiele. Lot wurde durch Engel über die unmittelbar bevorstehende Zerstörung von Sodom und Gomorra informiert, Maria von Nazareth erfuhr durch einen Engel von dem bevorstehenden Lichtgeschehen des Kommens Jesu, und wieder waren es Engel, die den Hirten die Geburt des Gottessohnes ankündigten. Aber die biblischen Texte sprechen auch von anderen Aufgaben, die Engel zu erfüllen hatten – etwa im Zusammenhang mit Naturereignissen. Die verschiedenen Plagen zum Beispiel, die Ägypten zur Zeit Mose heimsuchten – vergiftetes Trinkwasser, die Zerstörung der Ernten durch Heuschrecken, Epidemien, Hagelschlag und Unwetter –, vollzogen sich durch »böse Engel« (Psalter 78, 49). Zur Zeit Davids, als Folge einer »verbotenen Volkszählung«, starben 70.000 Israeliten durch die von einem »Verderben bringenden Engel« ausgelöste Pest (1. Chronik 21). Und als in einer Nacht 185.000 Assyrer den Tod fanden, war ebenfalls ein Engel des Verderbens (2. Könige 19, 35) zugegen. Auch in der Apokalypse (7, 1–3) werden Engel erwähnt. Sie sollen zu bestimmter Zeit die Winde der vier Himmelsrichtungen aufhalten, damit kein

Leid auf Erden geschähe.

Natürlich sind solche biblischen Berichte nicht wörtlich zu nehmen im Sinne einer Ursache für verheerende Geschehen. Sie zeigen vielmehr gleichnishaft, wie die Rückwirkungen falschen menschlichen Tuns sich im Gottesgesetz entwickeln müssen. Die wirkenden Kräfte der Natur, die den Gotteswillen – durch die Engel kundgetan – erfüllen, sind Helfer bei diesem Geschehen – und als solche selbst gestaltet, geformt, wesenhaft.

Weitere Hinweise darauf, dass die Tätigkeit bestimmter Wesen auch die Naturelemente beziehungsweise die Elementarkräfte mit einbezieht, befinden sich in den »Apokryphen«, also in Texten, die seitens der Kirche nicht in das Gesamtwerk der »Bibel« aufgenommen worden sind. Diese enthält ja nur Texte, über deren (»gottgegebene« und folglich »glaubensverbindliche«) Gültigkeit durch Konzilsbeschlüsse der Kirche entschieden wurde. Die Apokryphen (zu Deutsch: »verborgene Schriften«) wurden also nicht in die heute von den Katholiken benutzte »Bibel« aufgenommen. Luther dagegen empfahl den Protestanten diese Texte und schrieb, dass sie »nicht der Heiligen Schrift gleichgehalten und doch nützlich und gut zu lesen sind«.

Im Buch der Jubiläen zum Beispiel, auch »kleine Genesis« genannt – sie wird als Offenbarung Gottes an Moses gewertet –, kann man deutlich lesen, dass Gott Engel für alle Elemente und Naturphänomene geschaffen hat:

> *»Denn am ersten Tag schuf er die Himmel, die über den Himmeln sind, und die Erde und die Wasser und jeden Geist, der dienen sollte vor ihm, nämlich die Engel des Angesichts und die Engel der Heiligung auch und die Engel des Geistes des Feuers, und die Engel des Geistes des Windes, und die Engel des Geistes der Wolken und aller Finsternis und des Hagels und des Schnees, und die Engel der Stimmen und der Donnerschläge und für die Blitze, und die Engel der Geister der Kälte und der Hitze und des Winters und des Frühjahrs und der Erntezeit und des Sommers und (die Engel) aller Geister seiner Werke, die in den Himmeln und auf der Erde …«* (II, 2)

Diesem Text zufolge wurden die Engel – die hier mit dem Begriff hoher Wesenhafter gleichgesetzt werden können – der verschiedenen Naturelemente am ersten Schöpfungstag geschaffen. Ein Kommentator erwähnt jedoch, dass jüdische Exegeten über diese Stelle streiten – nicht etwa, weil man die Existenz der für die Elemente verantwortlichen Engel an sich infrage stellt, sondern es geht um den Tag, an dem sie geschaffen wurden. Manche glauben, dies hätte sich am zweiten vollzogen, andere treten für den fünften Tag ein ...

Im »Evangelium des Friedens von Jesus Christus durch den Jünger Johannes« – dieser Text in armenischer Sprache wurde in der frühen Zeit des Christentums geschrieben – werden Engel der Luft, des Wassers und des Sonnenlichtes erwähnt, die die Menschen rufen sollten, um von den heilenden Wirkungen dieser Elemente zu empfangen.

Im Buch Henoch, das in der »Bibel« mehrmals erwähnt wird, gibt es Engel, jedoch auch Verantwortliche für die Elemente. Henoch beschreibt in seinen Schauungen unter anderem:

> *»Und der Geist des Meeres ist männlich und stark, und gemäß der Gewalt seiner Stärke zieht er es mit dem Zaume zurück, und ebenso wird es vorwärtsgetrieben und in allen Bergen der Erde zerstreut. Und der Geist*

*des Reifs ist sein Engel, und der Geist des Hagels ist ein guter Engel. Und der Geist des Schnees hat (die Kammer) verlassen wegen seiner Kraft, und ein besonderer Geist ist darin; und was daraus aufsteigt, ist wie Rauch, und sein Name ist Frost. Und der Geist des Nebels ist nicht mit ihnen vereint in ihren Kammern, sondern hat seine Kammer besonders, denn sein Lauf zeigt Klarheit in Licht und Finsternis, im Winter und Sommer, und in seiner Kammer ist ein Engel.«*
(Buch Henoch 60, 16–20)

Gleichviel, ob sie nun als Engel oder Geister der Elemente bezeichnet werden, all diese Texte weisen darauf hin, dass geformte, gestalthafte Kräfte der Natur existieren und dass alle natürlichen Phänomene durch solche Wesen geleitet werden. Aus dieser Sicht liegt die gedankliche Verbindung zwischen Engeln und Wesenhaften tatsächlich nahe: In beiden Fällen handelt es sich um Diener Gottes, die seinen heiligen Schöpferwillen vollziehen.

## Engel und Naturwesen

Natürlich kann man sich beim Studium biblischer beziehungsweise inspirierter Schriften fragen, ob der Begriff »Engel«, der doch etwas besonders Hohes, Gottesnahes zum Ausdruck bringt, in jedem Fall gerechtfertigt ist. Wurde er nicht vielleicht auch zu Unrecht verwendet, bedingt durch Übersetzungsschwierigkeiten oder weil man einfach keinen besseren Ausdruck fand, um das Wirken unsichtbarer Wesenheiten zu beschreiben? Nach André Chouraqui, einem berühmten französischen Übersetzer von »Bibel« und »Koran«, bezeichnet das hebräische Wort für Engel sinngemäß ein Wesen, das »eine Arbeit ausführt«. Das muss nicht unbedingt eine Aufgabe als Botschafter sein, sondern kann auch eine Tätigkeit im Zusammenhang mit Naturelementen umfassen.

Aber es liegt nahe, dass Wesen, die im Göttlichen ihren Ursprung haben, nicht gleichzusetzen sein können mit jenen Wesenhaften, die als Elementarkräfte dieser kleinen Erde wirken. Die begriffliche Vermischung von Engeln und Naturwesen wurde unter anderem dadurch gefördert, dass die christliche Kirche einst nach Kräften alle Kulte bekämpfte, die wesenhaften Geschöpfen beziehungsweise »Göttern« gewidmet waren. Im 6. Jahrhundert beispielsweise, im Edikt von Justinian gegen die Lehre des Origenes – mit dem zugleich auch der Glaube an die Reinkarnation verbannt wurde – hieß es, dass jeder exkommuniziert werden muss, der behauptet, Himmel, Sonne, Sterne und so weiter seien belebte beziehungsweise bewusste Wesen (6. Vorschlag des Ediktes).

Dies lässt erahnen, dass die Übersetzer biblischer Texte sich vor einige Schwierigkeiten gestellt sahen. Denn immer wieder ist in den Schriften zum Beispiel von den »Legionen des Herrn« die Rede, womit nicht nur Engel gemeint sind. Zwar erwähnt die »Bibel« auch ausdrücklich »Engelslegionen« (Matthäus 26, 53), bezeichnet aber – mit dem allgemeineren Begriff »Heerscharen« – auch andere Wesen. Das zeigen zum Beispiel die Verse 19 bis 21 des Psalms 103:

> *»Der Herr hat seinen Stuhl im Himmel bereitet, und sein Reich herrscht über alles. Lobet den Herrn, ihr, seine Engel, ihr starken Helden, die ihr seinen Befehl ausrichtet, dass man höre auf die Stimme seines Wortes! Lobet den Herrn, alle seine Heerscharen, seine Diener, die ihr seinen Willen tut!«*

An anderer Stelle ermahnt der Psalmist alle Kreaturen Gottes, den Herrn zu loben. Er tut dies, indem er eine nach der anderen aufruft – beginnend mit jenen, die »in der Höhe« wohnen, und mit denen endend, die sich auf der Erde aufhalten. In der Liste der genannten Kreaturen kann man wiederum feststellen, dass die Engel und die Heere des Herrn getrennt aufgerufen werden:

*»Halleluja! Lobet im Himmel den Herrn; lobet ihn in der Höhe! Lobet ihn, alle seine Engel; lobet ihn, all sein Heer!«*
(Psalm 148, 1–2)

Betrachten wir die Naturwesen und ihre großen wesenhaften Führer demnach als zum Heer des Herrn gehörend und gestehen wir manchen biblischen Texten eine Vermischung von Begriffen zu, die sich durch Übersetzungsprobleme, aber auch vor dem geschilderten historischen Hintergrund ergeben hat.

In der alttestamentarischen Geschichte über die Einnahme Jerichos durch Josua und die israelitischen Truppen kann man die darin erwähnten »Heere« ohne Weiteres dem Wirken wesenhafter Kräfte zuordnen. Denn wer kommt Josua vor der verbarrikadierten Stadt zu Hilfe? Kein Engel, sondern jemand, der sich als »Fürst über das Heer des Herrn« (Josua 5, 14) bezeichnet. Und während der sieben Tage, in denen die Israeliten Trompeten blasend um die Stadt marschieren, bereiten die Kräfte der Natur – wohl durch Veränderungen im Untergrund – den Einsturz der Stadtmauern vor.

Wäre die Natur nicht bewegt und belebt durch personifizierte Kräfte – wie sollte man jene biblischen Aussagen auffassen, in denen die Elemente als Wesen mit Bewusstsein betrachtet oder aufgerufen werden?

Wenn es heißt: »Da mich die Morgensterne miteinander lobten ...« (Hiob 38, 7) oder auch: »Lobet den Herrn auf Erden ... Feuer, Hagel, Schnee und Dampf, Sturmwinde, die sein Wort ausrichten« (Psalm 148, 7–8), dann kann man doch nur davon ausgehen, dass hinter beziehungsweise in den bewegten Erscheinungsformen – Feuer, Hagel, Winde, Sterne – bewusste, ansprechbare Wesen stehen, die dem Willen Gottes, seinem Wort, dienend folgen.

Dem könnte man natürlich entgegenhalten, dass die Personifizierung von Naturkräften ein in der Poesie geläufiges Vorgehen ist und dass die eben erwähnten biblischen Stellen dafür Beispiele seien. Erbauliche Poesie aber bringt oft verborgene Zusammenhänge zum Ausdruck und rührt eben dadurch unsere Empfindung an. Es stimmt, dass die Bücher Hiob und die Psalme als »poetische Bücher« bezeichnet werden. Man findet jedoch ähnliche Stellen über das Ansprechen von Naturkräften auch in den Schilderungen zum Leben Jesu. Im Matthäus-Evangelium wird geschildert, dass Jesus eines Tages mit seinen Jüngern den See von Tiberias, auch Meer von Galiläa genannt, überquerte. Da drohte ein starker Sturm das Schiff, auf dem sie sich befanden, zu versenken.

> *»Da sagte er zu ihnen: Ihr Kleingläubigen, warum seid ihr so furchtsam? Und stand auf und bedrohte den Wind und das Meer; da ward es ganz stille. Die Menschen aber verwunderten sich und sprachen:*
> *Was ist das für ein Mann, dass ihm Wind und Meer gehorsam ist?«*
> (Matthäus 8, 26–27)

Man mag sich fragen, warum dieser Text zum Ausdruck bringt, dass Jesus, dem durch seinen Ursprung aus Gott die Elemente ohnehin untertan sind, Wind und Meer bedrohte? Die Allmacht seines Wollens müsste doch ohne Weiteres genügen, um den Gang von Naturereignissen zu ändern, also die Elemente zu beruhigen. Doch eben das Wort

»bedrohen« weist darauf hin, dass Jesus sich an ein Bewusstsein wandte. Es drückt aus, dass er den für den Sturm verantwortlichen Wesenhaften seinen Willen gegenüberstellte, damit sie sich bewusst werden konnten, was von ihnen verlangt ist: den Schwung ihres Wirkens nun zu unterbrechen.

### Die großen wesenhaften Führer

Bis jetzt haben wir vor allem »Bibel«-Stellen erwähnt, in denen die Wesenhaften auf indirekte Weise genannt beziehungsweise als Engel bezeichnet wurden. Es lassen sich jedoch auch direktere Bezüge finden. Zum Beispiel werden Riesen genannt, die, wie ihr Name sagt, Wesenhafte von sehr großem Ausmaß sind: »Wir sahen auch Riesen daselbst, Enaks Kinder von den Riesen; und wir waren vor unseren Augen wie Heuschrecken.« (4. Mose 13, 33). Das Sich-klein-Fühlen – »wie die Heuschrecken« – weist auf die enorme Größe solcher Wesenhaften hin. Diese Riesen dürfen jedoch nicht verwechselt werden mit ungewöhnlich großen Menschen, wie zum Beispiel Goliath, der von David geschlagen wurde. Dieser ist klar als Mensch beschrieben und maß der Schrift zufolge »nur« drei Meter (1. Samuel 17, 4).

Eine andere große Kategorie von Wesenhaften, die ausdrücklich – und an zahlreichen Stellen – in der »Bibel« erwähnt wird, sind die »Götter« des Altertums, das heißt, die großen Führer der Wesenhaften. Zum Beispiel: »Gott steht in der Gemeinde Gottes und ist Richter unter den Göttern« (Psalm 82, 1). Bei den hier erwähnten »Göttern« handelt es sich nicht um menschliche Gedankengebilde, sondern um große wesenhafte Führer »in den Wolken«: »Denn wer mag in den Wolken dem Herrn gleich gelten, und gleich sein unter den Kindern Gottes dem Herrn?« (Psalm 89, 7).

Der hierarchische Rang, den diese »Götter« einnehmen, wird ebenfalls genau beschrieben – Gott steht über allen wesenhaften Führern: »Denn ich weiß, dass der Herr groß ist und unser Herr vor allen Göttern« (Psalm 135, 5). Auf noch deutlichere Weise erklärt der Psalmist die Beziehung zwischen den wesenhaften Führern und Gott: der Schöpfer ist »Gott aller Götter« (Psalm 136, 2). So verehren nicht nur wir Menschen, sondern auch die wesenhaften Führer Gott als den Höchsten. Jede Kreatur verdankt ja Gott ihr Sein.

In einer »Bibel«-Übersetzung ist angemerkt, dass der erste Satz des Psalms 29: »Bringet her dem Herrn, ihr Gewaltigen ...« auch »Bringet her dem Herrn, ihr Götter ...« übersetzt werden könne, da es sich bei den »Gewaltigen« um die »Götter« der heidnischen Religionen handele, die aufgerufen sind, die Herrschaft des einzigen Schöpfers anzuerkennen.

Paulus bestätigt in einem seiner Briefe an die Korinther ebenfalls das Bestehen der »Götter« beziehungsweise Führer oder »Herren«, doch auch er weist auf eine natürliche Hierarchie hin:

> *»Und selbst wenn es im Himmel oder auf der Erde sogenannte Götter gibt - und solche Götter und Herren gibt es viele -, so haben doch wir nur einen Gott, den Vater. Von ihm stammt alles und wir leben auf ihn hin.«*
> (1. Korinther 8, 5–6)

## Die Erkenntnis des wahren Gottes

Es gibt also viele Hinweise in der »Bibel«, die auf die Existenz von kleinen und großen wesenhaften Dienern Gottes hinweisen. Doch niemals gebührt diesen ausführenden Helfern unsere Anbetung, denn: »Ich bin der Herr, dein Gott! Du sollst keine anderen Götter haben neben mir!« (5. Mose 5, 6–7). Der allmächtige

Gott steht über allem und soll als Alleiniger respektiert und verehrt werden.

Der Glaube an die wesenhaften »Götter« war indes nicht falsch. Überall in der Welt gab es Kulte, die in Verbindung mit ihnen praktiziert wurden. Man muss annehmen, dass diese Art des Glaubens eine notwendige Stufe zur eigentlichen Gotterkenntnis und auch vom Schöpfer selbst gewollt war, der sie »verordnet hat allen Völkern unter dem ganzen Himmel« (5. Mose 4, 19) – bis dieser universelle Glaube an die »Naturgeister« und »Götter« von der Erkenntnis des Höchsten abgelöst wurde.

Dies war beim Volk Israel der Fall: »Euch aber hat der Herr angenommen, und aus dem eisernen Ofen, nämlich aus Ägypten, geführt, dass ihr sein Erbvolk sollt sein, wie es ist an diesem Tag« (5. Mose 4, 20). Um Ihm anzugehören, sich dem alleinigen Gott zu öffnen, der über allem ist, muss das jüdische Volk seine Hinwendung an dienende Wesen aufgeben. Derlei Kulte sind nun überholt. Damit der neue Glaube im Menschen stark und lebendig werden kann, muss er sich ihm ganz widmen. Daher die Forderung des ersten Gebotes »Du sollst keine anderen Götter haben neben mir!«

Wer die »Bibel« aufmerksam liest, erkennt also sehr klar, dass die Existenz wesenhafter Diener darin nicht verneint, sondern bestätigt wird – und dass der ihnen gewidmete Kult für eine bestimmte Zeit der Menschheitsentwicklung richtig, ja gottgewollt war.

# 4. Die Wesenhaften und die Wissenschaft

Die Wissenschaft hält nichts von der Existenz personifizierter Kräfte in der Natur, die sich mit der Materie und den verschiedenen Phänomenen, die darin ablaufen, befassen. Sie bezeichnet den Glauben an Wesenhafte und »Götter« höchstens als naiven Versuch des Menschen, die Welt, die ihn umgibt, zu erklären – in einer Zeit, als die Wissenschaft noch in ihren Anfängen steckte. Heute hingegen könne dieser Glaube unserer Vorfahren, der Vorstellungskraft primitiver und unwissender Menschen entsprungen, keine gültige Erklärung der Wirklichkeit mehr bieten.

Der Wissenschaft zufolge formen sich die Felsen und Kristalle nicht etwa infolge der Tätigkeit von Gnomen, noch wachsen und entfalten sich die Blumen dank der aufmerksamen Pflege von Elfen. Es sind auch nicht die Sylphen, die die Winde in Bewegung setzen, oder die Nixen, die die Meeresströme bewegen. Für die Wissenschaft sind die personifizierten Kräfte, die auf die Natur einwirken, nicht existent. Sie brauchen auch gar nicht zu existieren, da die Materie nach vorherrschender naturwissenschaftlicher

Meinung alle Kräfte, die sie benötigt, um »belebt« zu erscheinen und sich zu »organisieren«, in sich selbst trägt.

Mit den 118 Grundelementen, die sich untereinander verbinden und immer komplexere Moleküle bilden, bis auf diese Weise mineralische, pflanzliche und tierische Formen entstehen, können demnach alle Phänomene der Natur und des Lebens erklärt werden.

Ein Grundsatz vieler Wissenschaftler lautet immer noch: »Nur was materiell ist, existiert.« Anders ausgedrückt: Außerhalb des Materiellen besteht nichts, was dazu in der Lage wäre, als »Ursache« eine »Wirkung« in unserer Welt auszulösen.

## Materie und Leben

Würde tatsächlich nur die Materie existieren, so müsste man die Idee, dass es personifizierte Naturkräfte gibt, wirklich verwerfen. Denn Wesenhafte beziehungsweise »Götter« können, wie wir gesehen haben, nur immaterieller Natur sein.

Wenn es jedoch mehr gibt als die »diesseitige« materielle Welt, dann dürfte man auch die

Existenz personifizierter Naturwesen nicht mehr ohne Weiteres ausschließen, sondern müsste der Möglichkeit, dass sie existieren, offen gegenüberstehen.

Es stellt sich also die Frage, ob die verbreitete Vorstellung, dass alle Phänomene der Natur und des Lebens wirklich aus der Materie heraus zu erklären sind, tatsächlich richtig ist. Wie schon erwähnt, glauben viele Wissenschaftler immer noch, dass nur das Materielle existiert. In Wirklichkeit gibt es in der Naturwissenschaft aber schon wichtige Erkenntnisse, die klar darauf hinweisen, dass es mehr geben muss als die sichtbare, messbare Welt.

Man fragt sich zum Beispiel, wie es kommen kann, dass sich höchst unterschiedliche Atome in großer Zahl miteinander verbinden, um ein komplexes, hochorganisiertes Ganzes zu formen, das um so reicher strukturiert ist, je weiter die Entwicklung von der anorganischen Materie (dem Mineralreich) zur organischen (dem Pflanzen- und Tierreich) voranschreitet. Auch ist ungeklärt, woher das Leben in den organischen Zellen kommt. Wie können einfache Materiebestandteile ein organisiertes, komplexes Ganzes bilden? Und wie kann aus unbelebter Materie Leben entstehen, das bei höherer Entwicklung auch noch ein Bewusstsein zeigt?

Im Bemühen, diese wichtigen Fragen zu klären, haben die Wissenschaftler zahlreiche Experimente unternommen und versucht, Leben aus Materie zu erzeugen – doch ohne Erfolg.

Lange Zeit hatte man gedacht, dass zur Entstehung und Entwicklung des Lebens eine Mischung aus Proteinen beziehungsweise dafür unentbehrlicher Substanzen ausreichen würde. Durch die Experimente aber zeigte sich, dass eine solche Mischung, so komplex sie auch sein mochte, nie zum Leben geführt hat. Und noch etwas Wesentliches wurde deutlich: In der experimentellen »Mischung« vollzogen sich die chemischen Reaktionen nicht kreativ und aufbauend, wie in der wirklichen Entwicklung des Lebens, sondern, ganz im Gegenteil, auf chaotische und ungeordnete Weise. Dies führte dazu, dass die chemischen Reaktionen bald abbrachen, anstatt sich fortzusetzen und weiterzuentwickeln.

Was im Experiment geschah, entspricht einem universellen Prinzip (dem zweiten Gesetz der Thermodynamik): Sich selbst überlassen, neigt die Materie dazu, sich zu desorganisieren und einen zunehmend ungeordneten Zustand anzunehmen.

Woher also, wenn nicht aus der Materie selbst, kommt die magische innere Dynamik, immer komplexere Formen zu organisieren, Leben zu erzeugen?

Unter den Wissenschaftlern haben sich einige zu der Ansicht durchgerungen, dass es etwas außerhalb der Materie geben muss, das diese organisiert und belebt. So erklärte zum Beispiel Alexis Carrel, Nobelpreisträger für Medizin (1912):

> *»Es ist wirklich unmöglich zu verstehen, wie die chemischen und physischen Faktoren, die wir kennen, die Phänomene der Organisation, der Entwicklung und der Anpassung bestimmen können. Es scheint, dass jedes Individuum einer Art die Erfüllung eines Planes sei, und dass die physiologischen Prozesse nach einer Idee gruppiert sind. Es scheint eine Führung der physikalisch-chemischen Phänomene durch ein psychisches Element zu bestehen. (...) Diese psychischen Elemente bestimmen die Form des Körpers während seiner Bildung*

*dank der Vermittlung der physiologischen und physikalisch-chemischen Mechanismen, die uns bekannt sind.«*

Claude Bernard (1813–1878), ein großer französischer Physiologe, schrieb in seinem berühmten Werk »Die Einführung in die experimentale Medizin«:

*»In jedem lebenden Keim gibt es eine schöpferische Idee, die sich entwickelt und sich durch die Organisation äußert. Während seiner ganzen Dauer bleibt das Lebewesen unter dem Einfluss dieser selben schöpferischen Lebenskraft, und der Tod tritt ein, wenn sich diese nicht mehr betätigen kann. Hier, wie überall, wird alles von einer Idee abgeleitet, welche alleine schöpft und führt.*
*Die Mittel der physikalisch-chemischen Kundgebungen sind allen Naturphänomenen gemein, und sie bleiben vermischt, durcheinander, wie die Buchstaben des Alphabetes in einer Schachtel, wo eine Kraft sie holt, um damit die verschiedensten Mechanismen auszudrücken. Es ist immer diese gleiche Idee der Lebenskraft, die das Wesen informiert.«*

Ähnliche Gedanken wurden auch von anderen Wissenschaftlern zum Ausdruck gebracht. Aber wie auch immer die Formulierungen lauten – »Idee«, »schöpferische Lebenskraft« und so weiter –, es geht um die Erkenntnis, dass es steuernde und ordnende Kräfte außerhalb der Materie gibt. Lässt sich daraus ein Hinweis auf das Wirken immaterieller, personifizierter Kräfte ableiten, wie es die Naturwesen sind? Ist es also denkbar, dass die steuernden und ordnenden Kräfte, die auf die materielle Welt einwirken, selbst geformt sind und auch ein Bewusstsein haben? Beides müsste der Fall sein, da die Wesenhaften ja eine beschreibbare Form besitzen und auf vernünftige Weise handeln.

## Form und Bewusstsein

Das Bild, das man sich von den Kräften der Natur macht, ist oft verschwommen. Gemeinhin stellt man sie sich als etwas Abstraktes, Konsistenzloses vor, das eher in das Gebiet der »Ideen« gehört. Natürlich zeigt sich ein Teil der Naturkräfte in Form messbarer Kraftströmungen, wie dies auf der Erde der Fall ist, wo man zum Beispiel magnetische oder elektrische Ströme findet. Auch können wir die Auswirkung von Naturkräften beobachten, etwa in der Bewegung der Wasserströme, Winde, Geysire und so weiter. Dies erklärt aber noch nicht die gezielte Formungs-, Gestaltungs- und Erhaltungskraft, die überall in der Natur mit unglaublicher Präzision und in harmonischer Schönheit wirkt. Diese Leitungs- und Organisationsfunktion, die den beobachtbaren physikalischen und chemischen Prozessen zugrunde liegt, weist doch auf etwas hin, das den Wirkungsmechanismus einfacher Kraftströmungen bei Weitem übertrifft! Man kann leicht beobachten, dass die Natur nicht einfach »irgendwie« funktioniert.

Während des Wachstums einer Pflanze zum Beispiel leiten die Kräfte der Natur die physikalisch-chemischen Phänomene, ebenso die Vermehrung der Zellen. Genauer gesagt: Sie orientieren die biologischen Vorgänge nicht nur, sondern kontrollieren sie auch. Indem sie bei widrigen Bedingungen das Wachstum verändern, beweisen die Kräfte auch eine Reaktions- und Anpassungsfähigkeit.

Es ist also eigentlich doch naheliegend, dass hier nicht nur neutrale Kräfteströme am Werk sind, sondern dass ein lenkendes Bewusstsein dahintersteht. Um aber lenken zu können, das heißt den physikalischen und chemischen

Prozessen vorbereitend eine bestimmte Bahn zu geben, also einen Druck ausüben zu können, müssen die Kräfte notwendigerweise auch eine bestimmte Konsistenz haben – und somit zwangsläufig eine Form.

Liegt der Gedanke nun noch fern, diese bewussten, geformten Kräfte Wesen zu nennen? Der Glaube an die »Götter« des Altertums oder an die Naturwesen, deren feinerstoffliche Körperformen von Hellsehenden geschaut werden können, erscheint nun plötzlich nicht mehr fern. Er passt überraschend gut zu wissenschaftlichen Forschungsergebnissen an den Grenzen der materiellen Welt.

**Formbildung und -erhaltung**

Eine weitere Möglichkeit zu erkennen, dass die Materie sich nicht selbst organisieren kann, liegt darin, über jene zusammenhaltende Kraft nachzudenken, die es den verschiedenen Formen erlaubt, ihr Aussehen über die Zeit hin beizubehalten beziehungsweise als ein konkretes Ganzes zu funktionieren.

Eine solche »Kohäsionskraft« existiert tatsächlich für jede Form. Sie hält die Gesamtheit der materiellen Bestandteile (Moleküle,

Zellen und so weiter) in einem organisierten und funktionellen Ganzen zusammen. Dies bewirkt beispielsweise, dass der menschliche Körper seine Form und seine Eigenschaften behalten kann, obwohl die Gesamtheit der Zellen, die ihn ausmachen, ständig erneuert wird, sodass nach sieben Jahren keine einzige alte Zelle übrig bleibt. Auch jede Pflanze bleibt für sich, was sie ist, ohne sich in ihrer Umgebung aufzulösen, obwohl sie durch Erde, Luft oder Regen ununterbrochen mit zahllosen fremden Substanzen in Berührung kommt beziehungsweise – man denke an die Nährsubstanzen – von ihnen durchströmt wird.

Man kann auch nur bewundernd vor dieser formenbildenden und -erhaltenden Kraft stehen, wenn man zum Beispiel die Meeresströme betrachtet, etwa den Golfstrom, der seine Charakteristiken über die Tausende von Kilometern beibehält. Die Wassermoleküle, die ihn bilden, bleiben tatsächlich gruppiert; sie behalten eine eigene Temperatur und eine eigene Geschwindigkeit, ohne sich mit anderen Wassern zu vermischen. Ähnliches vollzieht sich bei den Luftströmen. Der Jetstrom zum Beispiel behält seine Geschwindigkeit und die ihm eigenen Charakteristiken bei, obwohl er weite Distanzen und unterschiedlichste

Umgebungen durchzieht.

Was aber ist die Natur dieser »Kohäsionskraft«? Sie kann nicht aus den materiellen Teilchen resultieren, die zu einer bestimmten Form gehören. Denn jede Form behält auch dann alle ihre Charakteristika, wenn sie einige ihrer Teilchen verliert. Beschneidet man beispielsweise einen Apfelbaum, so hört er deshalb nicht auf, ein typischer Apfelbaum zu sein. Er wächst in der ihm gemäßen Form weiter und wird auch weiterhin Äpfel tragen. Ein Bimsstein, der infolge von Erosion an Masse verliert, behält seine Eigenschaft, im Wasser zu schwimmen, dennoch bei. Ein menschlicher Körper, der eines seiner Glieder durch einen Unfall verloren hat, wird dennoch so weit wie möglich in gewohnter Weise funktionieren, obwohl er einen Teil seines Gewebes nicht mehr besitzt.

Das alles erscheint uns selbstverständlich, aber es zeigt, dass die Bindekraft zur Formerhaltung nicht aus der Form selbst, aus der Materie, stammt. Etwas wirkt dabei von außerhalb ein. Wobei das Wort »etwas« hier in Wirklichkeit nicht gut passt, weil es sich auf Objekte oder Dinge bezieht, nicht aber auf bewusste, personifizierte Kräfte. Um diese aber geht es bei der Formenbildung und -erhaltung. Denn was die menschlichen und tierischen Körperformen belebt, das ist der Geist beim Menschen und ein wesenhafter Seelenkern beim Tier.

Wie ist es aber nun beim Wachstum von Pflanzen, bei den Winden und Flüssen, bei Feuer und Erde? Gibt es auch hier belebende Kräfte, die von außen einwirken? Im Altertum wurde dies bejaht, und man erkannte in den Wesenhaften das Wesentliche in der Natur. Man sprach von »Göttern« und Natur-»Geistern« beziehungsweise genauer den »Geistern« der Pflanzen, der Winde, der Flüsse und so weiter. Man könnte darin eine Parallele dazu sehen, wie der Geist des Menschen dessen Körper prägt und belebt. Ähnliches leisten die Wesenhaften bei den Formen der Natur.

Die Tatsache, dass alle Formen der Natur auf das Wirken bewusster Wesen zurückgehen, muss auch gar nicht so sehr erstaunen. Denn in der physischen Welt stammen alle materiell gefertigten Dinge, die uns umgeben – Werkzeuge, Maschinen, Wohnstätten – ebenfalls aus dem bewussten Wirken lebender Wesen, der Konstrukteure, Handwerker oder Arbeiter. Ihre Form verdanken die Objekte keineswegs nur einer Kraft, die in ihnen selbst ruht. Wie sollten sich die Formen in der Natur selbst gestalten?

Unsere Naturwissenschaft beschäftigt sich derzeit vorwiegend mit der Materie, mit der chemischen Zusammensetzung oder der atomaren Struktur der physischen Welt. Was möglicherweise hinter den sichtbaren, messbaren Ereignissen steckt, interessiert sie nicht. Daher wird die Existenz der Wesenhaften beziehungsweise ihre wesentliche Bedeutung für die Formenbildung in der Natur wissenschaftlich auch gar nicht erst in Betracht gezogen. Für personifizierte Kräfte, die das Naturgeschehen lenken und leiten, ist in unserem Weltbild derzeit kein Platz.

In der Vergangenheit war die Situation umgekehrt: Die Menschen besaßen ein weitreichendes Wissen über die unsichtbaren Aspekte der Realität, wussten jedoch nur sehr wenig über die Beschaffenheit der Materie.

Diese beiden Annäherungen an die Wahrheit – die persönliche Erfahrung und die objektive Forschung – müssten jedoch nicht widersprüchlich sein, sondern könnten einander ergänzen. Die eine ist nicht falsch, weil die andere richtig ist. Beide Betrachtungsweisen beschreiben verschiedene Aspekte ein und derselben Wirklichkeit – Aspekte, die gemeinsam ein ganzheitliches Bild ergeben könnten.

## 5. Wirken Naturkräfte blind und zerstörerisch?

Im Hinblick auf die fördernde, aufbauende, vernünftig erscheinende Art, in der die Kräfte der Natur wirken, um die Wunder im mineralischen, pflanzlichen und tierischen Reich zustande zu bringen, kann man sich leicht vorstellen, dass hier bewusste Wesen am Werke sind.

Schwerer tun wir uns, wenn wir die ungeheuren Schäden und zahlreichen Opfer betrachten, die durch Orkane, Vulkanausbrüche, Erdbeben, Lawinen, Erdrutsche, Überschwemmungen und Springfluten zu beklagen sind.

Naturkatastrophen gehen über das Gewohnte hinaus und scheinen sich außerhalb der geläufigen Ordnung zu ereignen. Sie wirken in unserem Verständnis auf sinn- und zwecklose Weise zerstörerisch, und man wäre viel eher geneigt, solche Ereignisse der sich selbst überlassenen Materie zuzuschreiben, sie als »zufällig« und ungeordnet ablaufend einzustufen, denn als Ergebnis der Tätigkeit bewusster Wesen.

Wie steht es nun wirklich damit? Spricht die Tatsache, dass es Naturkatastrophen gibt, nicht gegen die Existenz bewusster Wesenhafter? Ist es denkbar, dass die Kräfte der Natur manchmal »blind« und zerstörerisch wirken?

In bestimmten Fällen scheint die Zerstörung des Falschen das gewollte Hauptziel von Umwälzungen in der Natur zu sein. Wenn man beispielsweise an die – der Überlieferung zufolge – »von Gott gesandte« Sintflut denkt, der nur Noah mit seiner Familie entkam, an den Feuerregen, den der Schöpfer auf Sodom und Gomorra fallen ließ, oder an die Plagen, die zur Befreiung des jüdischen Volkes aus der ägyptischen Gefangenschaft beitragen sollten, dann kann man einen Sinn in den zerstörerischen Naturkatastrophen erkennen.

Doch abgesehen von solchen besonderen Fällen können wir nicht davon ausgehen, dass Stürme, Erdbeben und große Kataklysmen ihren Sinn in der Zerstörung haben sollen. Das Bild blind zerstörerischer Naturkräfte entspricht nicht der Realität und sollte korrigiert werden. Dafür gibt es verschiedene Gründe.

## »Hausgemachte« Katastrophen

Der erste Grund liegt darin, dass ein großer Teil der schrecklichen Folgen von Naturkatastrophen nicht den Naturkräften angelastet werden dürfte, sondern uns Menschen. Verschiedene wissenschaftliche Studien belegen, dass unsere eigenen Fehler im Umgang mit der Natur die Anzahl und das Ausmaß der Naturkatastrophen beträchtlich erhöhen. Mit anderen Worten: Die Zahl der verletzten oder getöteten Menschen wäre bei solchen Ereignissen geringer, und die Zerstörungen von Brücken, Straßen, Städten, Kulturland, Wäldern weniger weitreichend, wenn wir Menschen in größerer Harmonie mit der Natur leben würden.

Zu den vermeidbaren Fehlern zählt zum Beispiel das Errichten von Gebäuden und Städten in Risikogebieten, etwa in überschwemmungs- oder erdrutschgefährdeten Zonen, in der Nähe aktiver Vulkane oder lawinenträchtiger Berghänge, in bekannten Erdbebenzonen und so weiter.

Zudem werden in erdbebengefährdeten Gebieten oft Häuser ohne Rücksicht auf die extremen Ansprüche solcher Gegenden gebaut. Die verwendeten Materialien und die Bauweise gewährleisten nicht die nötige Sicherheit, halten im Ereignisfall den Erschütterungen nicht stand und begraben die Bewohner unter sich.

Eine weitere Ursache, die sich in der Bilanz von Naturkatastrophen auswirkt, liegt in der Tatsache, dass der Mensch das Gleichgewicht in der Natur oft stört oder sogar zerstört. Alles in der Natur steht miteinander in Verbindung, jede Verletzung eines Teils zieht Auswirkungen auf andere Teile nach sich, wodurch wiederum andere beeinflusst werden und so fort. Kleine Fehler können schließlich in große Katastrophen münden.

Nehmen wir zum Beispiel die Überschwemmungen: Normalerweise werden Niederschläge weitgehend vom Boden aufgesogen, und erst, wenn der Boden gesättigt ist, fließt das Wasser mit den Bächen und Flüssen ab. Zwei Faktoren sind demnach maßgeblich, um bei starken Regengüssen eine Überschwemmung zu vermeiden. Erstens muss der Boden eine hohe Saugfähigkeit besitzen, damit sich die Wasserläufe nicht zu schnell füllen und überlaufen. Und zweitens ist ein ausgedehntes und gut entwickeltes Netz von Bächen und Flüssen nötig, um das Mehr an

Wasser abzutransportieren. Auf beide Faktoren wirkt das naturferne Handeln des Menschen störend ein.

Weil wir humusreiche Gebiete zerstören, Wälder und Hecken, die viermal mehr Wasser absorbieren können als anderer Boden, hat sich die Niederschlagsaufnahmefähigkeit in manchen Regionen stark vermindert. Zudem werden Ackerflächen durch den Einsatz großer Traktoren verfestigt und nahezu wasserundurchdringlich gemacht. Durch den Bau immer neuer Straßen und Parkplätze werden weitere Flächen versiegelt. Sumpfgebiete, die als Auffangzonen entlang von Bächen gedient haben, werden zugeschüttet oder drainiert, um Bebauungsflächen zu vergrößern beziehungsweise deren Bearbeitung zu erleichtern. Zum gleichen Zweck werden auch zahlreiche kleine Flüsse oder Bäche beseitigt, durch die ein Wasserüberschuss schnell und wirksam abfließen könnte. Alle diese Fehler zusammengenommen führen dazu, dass das Regenwasser über den Boden fließt, ohne aufgesogen zu werden, und so in großer Menge in die noch verbliebenen Wasserläufe gelangt. Deren Wasserstand steigt dadurch rasch an – und bei ungewöhnlich großen Niederschlagsmengen treten die Flüsse schnell über ihre Ufer und richten verheerende Schäden an. Sicher: Würde der Mensch alle diese Fehler nicht begehen, käme es – um bei diesem Beispiel zu bleiben – dennoch zu Überschwemmungen. Doch sie wären eben nicht so zahlreich, und die Verwüstungen weniger groß.

**Notwendige »Katastrophen«**

Es gibt jedoch noch einen anderen Grund, weshalb man die Kräfte der Natur nicht als zerstörerisch bezeichnen sollte. Auch Naturkatastrophen sind nämlich, wenn man genauer hinsieht, keine Unfälle oder Fehler der Natur, sondern nützlich innerhalb der natürlichen Ordnung, sogar grundlegend für das gute Funktionieren der Natur auf dem Planeten Erde.

Zyklone, Tornados und Orkane erhalten durch den Austausch von warmer und kalter Luft das klimatische Gleichgewicht zwischen polaren und tropischen Zonen. Gewitter, wie sie stets irgendwo auf der Erdoberfläche losbrechen, gleichen durch die Blitzentladungen zu große Unterschiede im elektrischen Potenzial aus, die sich zwischen dem Boden und den höheren atmosphärischen Schichten gebildet haben. Erdbeben resultieren aus der Bewegung der kontinentalen Schichten, die notwendig für die Gebirgsbildung und die Modellierung der Erdoberfläche ist. Vulkane spielen eine Hauptrolle sowohl in der Bildung der Erdkruste als auch für den Mineralsalzgehalt des Bodens, für den Salzgehalt der Ozeane und die Zusammensetzung der atmosphärischen Gase. Alle diese Zusammenhänge tragen dazu bei, dass diese Erde bewohnbar ist.

Auch viele große Hochwasser sind zur Bildung neuer, fruchtbarer, kultivierbarer Erde unbedingt notwendig. Eine ebenso wichtige Funktion haben die Sturmwinde: Sie erneuern die Wälder, indem sie alte oder kranke Bäume umstürzen lassen und so jungen Pflanzen die Möglichkeit verschaffen, sich im frei gewordenen Raum anzusiedeln. Die Zeiten großer Trockenheit oder auch starken Regens und hoher Feuchtigkeit tragen zum Wachstum, zur Vermehrung und Regulierung verschiedener Tier- und Pflanzenarten bei.

Alle diese »Extreme« führen also zur Bildung und Erhaltung gesunder, ausgeglichener Lebensgrundlagen – auch heute noch. Und deshalb wird es die sogenannten Naturkatastrophen mit Sicherheit auch in der Zukunft geben. Die Schöpfungsgesetze dulden keinen Stillstand. Sie treiben zur Weiterentwicklung, zu ununterbrochener Bewegung.

Austausch und Abwechslung formen und erhalten die Natur – so, wie wir es auch im Kleinen beobachten können: Erst ein Fruchtwechsel gewährleistet, dass eine Ackerfläche auch nachhaltig fruchtbar bleibt.

**Nutzen und Schaden**

Viele Umwälzungen aufgrund großer Naturkatastrophen verursachen nur vermeintlich Schäden. Starker Regen und Überschwemmungen fördern wasserarme Böden und füllen unterirdische Wasserreserven auf. Vulkanausbrüche machen die umliegenden Gegenden fruchtbar. Kälteeinbrüche begünstigen die Sauerstoffversorgung der tiefen Wasserschichten in den Seen und dadurch das pflanzliche und tierische Leben in ihren Tiefen.

Die alljährlichen Überflutungen des Nil-Ufers, die einen Teil der Vegetation zerstören und das Land mit Schlamm bedecken, könnten als Unglück bezeichnet werden – die Ägypter jedoch haben auch festgestellt, dass die Anschwemmungen die Fruchtbarkeit des Bodens in einer Weise fördern, für die sie nur dankbar sein können.

Auch Wirbelstürme, wie sie regelmäßig den Süden Bangladeschs heimsuchen, werden von den dortigen Bauern als Segen empfunden. Der starke Regen bringt Wasser in diese sonst sehr trockene Gegend und erlaubt es, drei Ernten pro Jahr einzubringen. Um sich vor den Hochwassern zu schützen, bauen die Bewohner ihre Häuser auf Pfähle – höher gelegene Regionen, auf die sie sich zurückziehen könnten, gibt es nicht. So leben sie während der Wirbelstürme beziehungsweise der Überschwemmungen einige Zeit isoliert in ihren Häusern, umgeben von überfluteten Kulturen, aber im Wissen, dass die Pflanzen sich dieser Situation ideal anpassen. Eine der im Süden Bangladeschs kultivierten Reissorten wächst zum Beispiel so schnell, dass sie im Wasser nicht lange ohne Licht und Sauerstoff auskommen muss. Der Pflanzenstiel verlängert sich tatsächlich in dem Maß, wie der Wasserspiegel ansteigt.

Die Schäden und Todesfälle, die hier manchmal beklagt werden müssen, sind denn auch weniger auf die Wirbelstürme an sich zurückzuführen – an die sich die Bevölkerung seit Generationen angepasst hat –, sondern auf die Nichtbeachtung ökologischer Gegebenheiten. So weisen Experten zum Beispiel darauf hin, dass Risikozonen seit Kurzem durch gesellschaftlich benachteiligte Menschen besiedelt werden.

Ohne die Tornados, Orkane und Zyklone würden sich warme und kalte Luftmengen nicht vermischen, um so dem größten Teil unseres Heimatplaneten ein gemäßigtes Klima zu bieten. Jede Region wäre bestimmten hohen oder tiefen Temperaturen unterworfen – ohne dass je ein Wechsel einträte. Ohne Gewitter und Blitze würden wir in einer Umwelt leben müssen, deren elektrisches Gleichgewicht stark gestört wäre.

Ohne die Bewegung der Kontinentalplatten, die zu Erdbeben und Vulkanausbrüchen führt, wäre die Erde platt, vielleicht sogar völlig mit Wasser bedeckt.

Ohne Springfluten oder Wirbelstürme gäbe es ein Stagnieren der Ozeane, die so dem Leben keine Grundlage bieten würden, sich zu entfalten und zu erhalten.

Die sogenannten Naturkatastrophen haben also in verschiedener Hinsicht eine fördernde und aufbauende Funktion, von der man sagen kann, dass sie weise geleitet ist. Dass diese Leitung durch personifizierte Kräfte erfolgt, anders gesagt: durch die Wesenhaften, liegt nahe – um so mehr, wenn man die vielen Berichte von Menschen in Betracht zieht, denen zufolge sie vor Umwälzungen Warnungen erhielten, sodass sie sich rechtzeitig vor drohenden Gefahren in Sicherheit bringen konnten.

## Warnungen der Naturwesen

Solche Warnungen, von denen wir einige Beispiele anführen werden, erfolgen stets – manchmal mehrere Tage – vor den drohenden Umwälzungen. Große Naturereignisse erfolgen also nicht plötzlich, »blindwütend« oder zufällig, sondern sie müssen vorgesehen, vorbereitet, geplant sein. Dabei ist klar, dass dieses Planen, Vorbereiten und eben auch die Warnungen nicht von den Ereignissen selbst ausgehen können, sondern dass sie durch ein Bewusstsein bedingt sind.

Wiederum verdeutlicht sich: Es müssen Wesenheiten sein, die dazu in der Lage sind, die Folgen ihrer Tätigkeit vorherzusehen, die

Leiden und Schäden, die daraus resultieren können, und die dazu in der Lage sind, andere Wesen zu schützen beziehungsweise sie durch entsprechende Ankündigungen zu warnen. Dass es sich bei diesen bewussten Wesenheiten eben um Wesenhafte handelt, wird von Menschen bestätigt, die solche Warnungen erhalten haben.

Die Erfahrungsberichte aus früherer und auch neuerer Zeit über solche Warnungen sind zahlreich: Bauern bringen rasch ihre Ernte ein, nachdem sie von den Wesenhaften von einem unmittelbar bevorstehenden Sturm in Kenntnis gesetzt wurden; Seeleute entgehen ihrem sicheren Tod, weil sie, vorgewarnt, mit ihrem Schiff rechtzeitig den schützenden Hafen anlaufen; Bergarbeiter entkommen dem Erstickungstod im Bergwerk, indem sie ihren Arbeitsplatz vor dem Einsturz des Stollens verlassen; Bergbauern können einer Warnung zufolge rechtzeitig vor dem Lawinenabgang ihr Chalet verlassen und so weiter.

Wir Menschen sind jedoch nicht die Einzigen, die aus solchen Ankündigungen Nutzen ziehen können. Auch Tiere erhalten Warnungen. Oft verlassen sie gefährdete Gebiete oder weigern sich, ein solches zu betreten, wo eine Naturumwälzung stattfinden wird. Ihr Verhalten hat häufig dazu geführt, dass in der Folge auch Menschen auf drohende Gefahren aufmerksam wurden und ihnen entgehen konnten. Dazu einige Beispiele:

1953 stürzten in Griechenland bei einem gewaltigen Erdbeben, das Teile des Landes erschütterte, 20.000 Gebäude ein. Es gab jedoch nur 27 Tote. Eine halbe Stunde vor der Katastrophe erhoben sich nämlich die Störche, die diese Gegenden bewohnten, unerwartet in die Lüfte und zogen weite Kreise über den Häusern. Dieses Verhalten machte den Bewohnern klar, dass sich etwas Ungewöhnliches ankündigte. Sie verließen ihre Häuser und flüchteten in die umliegenden Hügel.

1950 wurden die Mönche des Schweizer »Hospiz des Großen Sankt Bernhards« durch ihre Hunde vor dem sicheren Tod gerettet. Diese verweigerten eines Tages – bei strahlendem Wetter – den geplanten Spaziergang. Aufgrund des ungewöhnlichen Verhaltens ihrer Hunde entschlossen sich die Mönche, auf den Spaziergang zu verzichten. Eine Stunde später stürzte dort, wo der Weg sie hingeführt hätte, eine riesige Lawine zu Tal.

Aus Martinique wird hingegen berichtet, dass im Jahre 1902, mehrere Tage vor dem Ausbruch des Montagne Pelée, alle Tiere – von den Vögeln bis hin zu den Reptilien – aus der Umgebung des Vulkans flohen. Die Menschen jedoch achteten nicht auf sie und blieben in ihren Häusern. Von den 40.000 Bewohnern überlebte nur ein einziger – ein Gefangener, den die dicken Mauern des Gefängnisses geschützt hatten.

In Fréjus (Frankreich) kündigten 1959 die aus den Häusern fliehenden Katzen das drohende Unheil an: Die oberhalb der Stadt gebaute Staumauer brach, und eine enorme Wasserwelle, die den unteren Teil der Stadt überschwemmte, forderte mehr als 400 Todesopfer.

Drei Tage, bevor eine gewaltige Lawine im Jahr 1951 das Zentrum des Dorfes Airolo (Schweiz) unter 15 Metern Schnee begrub, wodurch 14 Menschen starben und enorme Schäden angerichtet wurden, hatten die Dorfbewohner das seltsame Verhalten einer Gruppe von Rehen beobachten können: Aufgeregt kamen sie, ganz gegen ihre Gewohnheit, bis zu den ersten Häusern des Dorfes herunter.

In den Wäldern der Vogesen wurden 1999 ebenfalls Rehe beobachtet, die ihre Wälder verließen und sich in freien Lichtungen gruppierten, bevor der Sturm »Lothar« eintraf und mit ungeheurer Wucht Mengen von Bäumen entwurzelte.

## Der »sechste Sinn« der Tiere

Bauern, Seeleute, Minenarbeiter – sie alle berichteten in ihren Zeugnissen ausdrücklich von Warnungen, die sie vor bestimmten Ereignissen durch Naturwesen erhielten.

Das Verhalten der Tiere wird hingegen oft mit dem Hinweis auf einen »sechsten Sinn« erklärt, der sie im Voraus wissen lässt, wann Erdbeben, Lawinenabgänge oder sonstige Naturereignisse erfolgen werden. Aber welcher Art kann dieser sechste Sinn sein? Wie kann man mit einem Sinn etwas wahrnehmen, das sich noch nicht ereignet hat – und dies manchmal Tage vorher? Man nennt den »sechsten Sinn« zwar als »Erklärung« für solche Phänomene, aber worum es sich dabei handelt, bleibt ungewiss.

Was also geschieht zum Beispiel, wenn ein Reiter einem Bergrutsch entgeht, weil sein Pferd sich plötzlich sträubt, den gewohnten

Weg zu nehmen und seinem Herrn hartnäckig den Gehorsam verweigert?

Menschen mit hellseherischen Fähigkeiten berichten, dass das Tier in einem solchen Fall Wesenhafte sieht, die sich vor ihm auf lebhafte Weise bemerkbar machen, um es vor der Gefahr zu bewahren. Demnach verfügen die Tiere nicht über einen unbegreifbaren »sechsten Sinn«, sondern einfach über die Befähigung, Wesenhafte wahrzunehmen.

Eine Bestätigung dafür findet sich auch in der »Bibel«, in dem Bericht von der Eselin des Bileam. Diese Erzählung zeigt, wie ein Tier durch direktes Sehen – und eben nicht durch einen »sechsten Sinn« – Verbindung zu Wesen aus einer anderen Welt erhalten kann. In dieser Geschichte will Bileam, ein Sippenführer, auf seiner Eselin zum Führer eines Nachbarvolkes reiten, um einen Bund gegen das Volk Israel zu schließen. Er wird daran jedoch durch ein Wesen gehindert, das er selbst nicht sieht, das jedoch von seiner Eselin wahrgenommen wird. Dreimal hindert das Wesen die Eselin daran, ihren Weg fortzusetzen. Und dreimal verabreicht ihr der Meister, nicht wissend, was vor sich geht, Schläge.

*»Da tat der Herr der Eselin den Mund auf, und sie sprach zu Bileam: Was habe ich dir getan, dass du mich geschlagen hast nun dreimal? Bileam sprach zur Eselin: Dass du mich höhnest! Ach, dass ich jetzt ein Schwert in der Hand hätte, ich wollte dich erwürgen!*
*Die Eselin sprach zu Bileam: Bin ich nicht deine Eselin, darauf du geritten bist zu deiner Zeit bis auf diesen Tag? Habe ich auch je gepflegt, dir also zu tun? Er sprach: Nein.*
*Da öffnete der Herr dem Bileam die Augen, dass er den Engel des Herrn sah im Wege stehen, und ein bloßes Schwert in seiner Hand, und er neigte und bückte sich mit seinem Angesicht.*
*Und der Engel des Herrn sprach zu ihm: Warum hast du deine Eselin geschlagen nun dreimal? Siehe, ich bin ausgegangen, dass ich dir widerstehe, denn dein Weg ist vor mir verkehrt.*
*Und die Eselin hat mich gesehen, und ist mir dreimal gewichen; wenn sie nicht vor mir gewichen wäre, so wollte ich dich auch jetzt erwürgt, und die Eselin lebendig erhalten haben.*
*Da sprach Bileam zu dem Engel des Herrn: Ich habe gesündigt; denn ich habe es nicht gewusst, dass du mir entgegenstandest im Wege. Und nun, so dir's nicht gefällt, will ich wieder umkehren.«* (4. Mose 22, 28–34)

**Kommunikation mit Wesenhaften**

Wenn es möglich ist, dass die Wesenhaften mit uns in Verbindung treten, wie dies die erwähnten Beispiele zeigen, so sollte es auch für uns möglich sein, mit ihnen Verbindung aufzunehmen. Können die Wesenhaften also Mitteilungen von uns erhalten, sie verstehen und darauf antworten?

Im Altertum war dieser gegenseitige Austausch geläufiger. Man fragte die Wesenhaften um Rat, bevor eine Stadt gegründet, ein Tempel gebaut oder eine neue Region besiedelt wurde, und handelte je nach der Antwort, die man erhielt.

Die Völker stellten fest, dass bestimmte Regionen regelmäßig von Naturkatastrophen heimgesucht werden, und deuteten das so, dass die »Geister« oder »Götter« nicht wünschten, dass sich in solchen Gebieten Menschen niederlassen. Der bebende Boden oder das Heulen der Stürme sollte ihnen den Zutritt verwehren.

Man braucht jedoch gar nicht so weit zurückzublicken, um Beispiele für die Kommunikation mit Wesenhaften zu finden. So wurde im 20. Jahrhundert die Geschichte eines amerikanischen Meteorologen bekannt, der in den Jahren zwischen 1935 und 1945 Aufsehen erregte, weil er mit großer Präzision die Orkane vorhersagen konnte, von denen die Westküste der Vereinigten Staaten bedroht wurde.

Solche Vorhersagen sind von zentraler Bedeutung, da sie es den Bewohnern der betroffenen Zonen ermöglichen, sich vor großen Gefahren in Sicherheit zu bringen: Die Sturmwinde erreichen eine Geschwindigkeit von 200 und mehr Kilometern pro Stunde und fegen alles hinweg, was sich ihnen entgegenstellen will; sintflutartige Regenfälle lösen Überschwemmungen aus; riesige Wellen überfluten die Meeresufer. Doch sind präzise Vorhersagen in Bezug auf Orkane schwer zu treffen, da diese sich für Menschen unvorhersehbar verhalten – sie beschleunigen oder verlangsamen ihren Lauf, wechseln scheinbar grundlos die Richtung und bewegen sich plötzlich auf Gebiete zu, in denen man sie nicht erwartete.

Obwohl der genannte amerikanische Meteorologe über dieselben Informationen verfügte wie seine Kollegen, konnte er regelmäßig viel exaktere Vorhersagen machen, und zwar selbst in den irreführendsten Fällen, in denen Orkane eine völlig unberechenbare Richtung nahmen. Auf die Frage, wie er denn vorgehe, um diese genauen Vorhersagen machen zu können, gestand der Meteorologe, dass er – zusätzlich zu den meteorologischen Fakten – in Zweifelsfällen nicht zögern würde, sich ans Fenster zu setzen und, indem er den Himmel und die Wolken betrachte, um Auskunft zu bitten. »Und normalerweise«, fügte er hinzu, »erhalte ich eine Antwort!«

Im April des Jahres 1998 berichteten Zeitungen vom Norden Brasiliens, wo damals bereits seit sechs Monaten Trockenheit herrschte. Riesige Savannen- und Waldbrände brachen aus und griffen in großer Geschwindigkeit um sich. Daraufhin begab sich ein Indianerstamm, dessen Territorium bedroht war, zu einem Ritual, um die Hilfe der Naturwesen anzurufen. Nicht einmal 24 Stunden später ergoss sich ein ausgiebiger Regen über die Gegend und bewahrte sie vor der Zerstörung durch das Feuer!

Dieses Beispiel steht nicht für sich.

Überall auf der Welt wenden sich naturverbundene Menschen an die Wesenhaften und erbitten ihre Hilfe. Dies nicht nur bei den Stämmen in Afrika und Ozeanien, sondern auch in manchen landwirtschaftlichen Gemeinschaften Europas, die bestrebt sind, im Einklang mit der Natur und im Zusammenwirken mit den Wesenhaften zu arbeiten.

Vor einigen Jahrzehnten wurde zum Beispiel die Gemeinschaft von Findhorn im Norden von Schottland weltweit bekannt. Ihr gelang es, ungewöhnlich großes und schmackhaftes Gemüse zu ziehen – und das mitten in einem äußerst ungünstigen Klima, auf karger Erde, die vorerst nahezu unfruchtbar war.

Die bewusste Kommunikation mit den Kräften der Natur ist möglich. Sie können mit uns Verbindung aufnehmen und von uns erreicht werden. Sie wirken auch nicht »blind und zerstörerisch«, sondern dienen der Belebung und Erhaltung des großen Ganzen. Es liegt an uns, das weise Walten jener bewussten Wesenheiten, die uns überall umgeben, besser verstehen zu lernen!

## 6. Ein notwendiges Wissen

Die verschiedenen Blickwinkel der Darstellungen in den ersten Kapiteln dieses Buches haben alle gezeigt, dass die Existenz der Wesenhaften durchaus möglich, ja sogar mehr als plausibel ist. Nimmt man nun also ihre Existenz als gegebene Tatsache an, so kann man sich dennoch fragen, ob ein solches Wissen heute noch von Nutzen für uns ist.

Man könnte denken, nein. Die Techniken, die der Mensch mit den Fortschritten in der Wissenschaft entwickelt hat, erlauben es ihm, weitaus beachtlichere Dinge zu vollbringen als seine Vorfahren, die noch näher mit den Wesenhaften in Kontakt standen. Außerdem ist doch der Eine Gott, den wir verehren, mächtiger und größer als alle Wesenheiten. Der Glaube an ihn kann uns geistig mehr erfüllen und fördern als die Hinwendung zu wesenhaften »Göttern«.

Doch entgegen der Annahme, dass der Glaube an die Wesenhaften heute überholt und nutzlos sei, weist das Werk »Im Lichte der Wahrheit, Gralsbotschaft« darauf hin, dass das Wissen um die Wesenhaften nicht nur wichtig, sondern sogar unabdingbar notwendig für jeden Menschen ist, der eine seelisch-geistige Entwicklung anstrebt. Nicht nur, damit er die Naturkräfte besser verstehen und benutzen lernt, sondern auch, damit sich sein Begriffsvermögen über nicht-stoffliche Gegebenheiten schrittweise entwickelt:

*»Wer das Wirken der Wesenhaften überspringen will, von denen die alten Völker genau wussten, der kann niemals zur wahren Gotterkenntnis kommen. Dieses genaue Wissen ist eine unvermeidliche Stufe zur Erkenntnis, weil der Menschengeist sich von unten nach oben durchzuringen hat. Er kann das über seinem Begriffsvermögen liegende Urgeistige und das Göttliche niemals erahnen lernen, wenn er nicht die zu ihm gehörenden unteren Schöpfungsstufen vorher als Grundlage dazu genau kennt. Es ist dies unvermeidbar notwendig als Vorbereitung zu der höheren Erkenntnismöglichkeit.«*
(Abd-ru-shin: »Im Lichte der Wahrheit, Gralsbotschaft«, Band III, Vortrag »Das Gotterkennen«)

Aus diesen in der »Gralsbotschaft« dargelegten Zusammenhängen wird deutlich, dass monotheistische Religionen auf polytheistischen Vorstellungen aufbauen. Anders ausgedrückt: Der Erkenntnis des Einen Gottes muss das Wissen um die Wesenhaften vorangehen.

Entspricht diese Erklärung den Tatsachen? Gibt es Fakten die zeigen, dass sich die Dinge auf diese Weise entwickelt haben und die somit die Existenz der Wesenhaften bestätigen?

Tatsächlich zeigt die Geschichte, dass die monotheistischen Religionen sich aus polytheistischen Vorstellungen heraus entwickelten. Dies werden wir jetzt an den Beispielen des Juden- und des Christentums beleuchten.

Bevor sie Jahwe anbeteten, pflegten die Hebräer des Landes Kanaan zahlreiche »Götter«-Kulte. Die griechischen und römischen Reiche, in denen sich das Christentum verbreitete, waren bekannt für die Verehrung ihrer »Götter«.

Diese Entwicklung vom Polytheismus zum Monotheismus ist in der Religionsgeschichte heute gut bekannt. Doch kann man schon aus den überlieferten Glaubensbekenntnissen schließen, dass es für viele Menschen der damaligen Zeit nicht einfach war, die Existenz eines Höchsten Gottes zu akzeptieren, der weit über allen Wesenhaften beziehungsweise »Göttern« steht. Denn gerade auf seine Alleinstellung wird eindringlich hingewiesen.

In der jüdischen Religion lautet das von Moses (der als größter jüdischer Prophet betrachtet wird) vermittelte erste Gebot (das auch für die Christen maßgeblich ist): »Ich bin der Herr, dein Gott! Du sollst nicht andere Götter haben neben mir!« Auch Jesus, befragt darüber, welches denn das größte der Gebote sei, erklärte: »Höre, Israel, der Herr, unser Gott, ist ein einiger Gott« (Markus 12, 29).

## Stufen der Erkenntnis im jüdischen Glauben

Wenn auch heute der Glaube an den Einen Gott allgemein verbreitet ist, so darf man nicht vergessen, dass jene Offenbarungen, die von dem Höchsten kündeten, einst ein völlig neues Wissen vermittelten, das den Menschen und ihrer gewohnten Art zu denken fremd war. Der Begriff eines unsichtbaren, höchsten Gottes konnte nur langsam und schrittweise akzeptiert werden – man wollte sich vorerst weiter auf das Wissen um die wesenhaften »Götter« stützen.

Diese Gegebenheiten erkennt man am Beispiel des jüdischen Glaubens: Hier zog sich der Erkenntnisprozess in drei großen Phasen über nahezu 13 Jahrhunderte hin! Die erste Phase war dadurch gekennzeichnet, dass man

Gott einfach in die Welt der schon bestehenden »Götter« aufnahm. In der zweiten Phase erkannte man dem Schöpfer eine Vormachtstellung über die anderen »Gottgestalten« zu und stellte ihn an deren Spitze. Und erst in der dritten Phase wurden die großen wesenhaften Führer überhaupt nicht mehr als »Götter« betrachtet, wodurch der Monotheismus erst wirklich Platz greifen konnte.

Betrachten wir nun diese drei Abschnitte im Detail:

Der erste Abschnitt, die Phase der Patriarchen, dauerte fünfeinhalb Jahrhunderte lang. Er begann mit Abraham (um 1800 v. Chr.) und endete mit Moses (um 1250 v. Chr.). Als Abraham die Offenbarung von der Existenz des einzigen Gottes erhielt, waren seine Zeitgenossen (wie es auch seine Vorfahren gewesen waren) Polytheisten. Der Vater Abrahams beispielsweise diente der »Bibel« zufolge »anderen Göttern« (Josua 24, 2). Deren Existenz war für Abrahams Zeitgenossen keine Frage des blinden Glaubens. Die »Götter« waren Wirklichkeit und wurden als hohe Wesen verehrt. Dieses Wissen war so fest in dem Volke verankert, dass es für Abraham und seine direkten Nachfolger gar nicht infrage kam, die Existenz der »Götter« zu verneinen. Somit bestand die Aufgabe vor allem darin, das Wissen um den »neuen« Gott – von dem man heute weiß, dass er der einzige wahre Gott ist – zu verbreiten. Die Menschen sollten dazu ermutigt werden, ihn anzubeten und die Verehrung der alten »Götter« womöglich aufzugeben.

*»Denn du sollst keinen anderen Gott anbeten.*
*Denn der Herr heißt ein Eiferer;*
*ein eifriger Gott ist er.«*
(2. Mose 34, 14)

Der Glaube an die Existenz der »Götter« wurde zu jener Zeit also nicht infrage gestellt. Dem war auch noch 550 Jahre später so, als Moses die Zehn Gebote erhielt, deren erstes die Tatsache unterstreicht, dass die Verehrung nur einem einzigen Gott gelten darf: »Ich bin der Herr, Dein Gott!«

Die Existenz jener Wesenheiten, die bis dahin als »Götter« angesehen wurden, wird durch das erste Gebot nicht infrage gestellt, es wird aber eindringlich davon abgeraten, sie als »Götter« anzubeten. Daher heißt es: »Du sollst nicht andere Götter haben neben mir!«

Die zweite Phase im Prozess, den Alleinigen Schöpfer zu akzeptieren, währte bei den Juden sechs Jahrhunderte lang – beginnend mit der Eroberung des Landes Kanaan (um 1200 v. Chr., nachdem sie Ägypten verlassen hatten) bis zur Zeit vor dem Exil (um 600 v. Chr.).

Während das jüdische Volk in Ägypten abgekapselt seinem Glauben leben konnte – einem zunehmend ausgeprägten Monotheismus –, kam es durch die Eroberung des Landes Kanaan mit Völkern in Kontakt, die zahlreiche »Götter«-Kulte pflegten. Verehrt wurden Baal, Astarte und so weiter. Diese Konfrontation belebte bei den Juden alte Glaubensvorstellungen, was zur Folge hatte, dass man polytheistische Kulte wieder einführte – manchmal neben dem Glauben an den Einen Gott, manchmal auch als Ersatz für ihn.

In der Folge erschienen viele Propheten, die – einer nach dem anderen – den Hang der Juden, in den Polytheismus zurückzufallen, anprangerten und dem jüdischen Volk jenen Bund in Erinnerung riefen, der es dem Schöpfer verpflichtete. Die Propheten lehrten dabei aber keineswegs, dass die »Götter« nicht existieren würden, sondern sie wiesen auf die Erhabenheit des einzig wahren Gottes hin.

Zu diesen Propheten gehörten: Elia, der sein Volk 850 v. Chr. wissen ließ, dass Gott der alleinige Herr ist (1 Könige 18, 37); Amos (um 750 v. Chr.), der verkündete, dass Gott nicht nur der Herr der Juden sei, sondern auch über alle feindlichen Völker (und damit ebenso über deren »Götter«) regiere; Jesaja, der gegen 740 v. Chr. von Neuem auf die Erhabenheit Gottes über die »Götter« aller Nationen hinwies.

Zu Beginn der dritten Periode, der des Exils (von 597 bis 538 v. Chr.), wurde diese Erhabenheit Gottes von den Juden zuerst wieder in Zweifel gezogen, anschließend aber endlich voll akzeptiert. So fragte sich das jüdische Volk, nachdem es von Nebukadnezar besiegt und nach Babylonien deportiert worden war, ob die babylonischen »Götter« letztlich nicht doch mächtiger wären als der ihre, da Gott sie nicht vor ihren Feinden beschützt habe. Als sie jedoch den vielfältigen polytheistischen Kulten der babylonischen Gesellschaft gegenüberstanden, kam den Juden der Wert zu Bewusstsein, der im Wissen um den alleinigen Gott liegt. So entwickelten sie schließlich ihren Glauben und verwarfen den »Götter«-Kult vollkommen.

Den »Götter«-Kult verwerfen bedeutet allerdings nicht, die Existenz der großen wesenhaften Führer zu bestreiten. Es ging nur darum, ihnen nicht länger göttliche Eigenschaften zuzugestehen und eine falsche Verehrung darzubringen. Indem Gott als Ursprung aller Dinge erkannt wurde, also auch als Schöpfer der Wesenhaften, konnten diese mit ihm nicht auf einer Stufe stehen, nicht selbst Göttliches besitzen. Sie als »Götter« zu bezeichnen, war nur legitim gewesen, solange die Offenbarung des einzigen Gottes noch nicht voll erfasst worden war. Nun aber mussten die Wesenhaften als Diener des Höchsten angesehen werden, und es war undenkbar, ihnen weiterhin einen Kult zu widmen. Der »Götter«-Status musste ihnen aberkannt werden.

Dies konnte im jüdischen Volk allgemein als richtig akzeptiert werden. Auch der spätere jüdische Glaube war weit davon entfernt, die Existenz der Wesenhaften, der Diener Gottes, zu bestreiten. Man anerkannte eine große Zahl verschiedener Wesen, die zwischen dem Schöpfer und den Menschen existieren, und als »Untergeordnete« oder »Vertreter« Gottes in der Schöpfung anzusehen waren.

## Macht und Schönheit der »Götter«

Wie konnten Wesen, die im Grunde nur Diener sind, überhaupt als »Götter« verehrt werden? Empfanden die Menschen jener Zeit denn nicht, dass darin ein Irrtum lag, dass es über ihren »Göttern« einen Höheren geben musste? Wohl nicht, da ihnen dazu das Erleben fehlte. Was sie erkennen konnten, waren die großen wesenhaften Führer. Zu diesen fand ihre Empfindung Zugang, und einige waren auch in der Lage, sie zu schauen.

Obwohl diese hohen Wesenhaften nur Diener sind, verfügen sie durch ihre Art und ihre Aufgabe doch über große, für uns unvorstellbare Kraft. Sie leiten die Naturgewalten ja nicht nur, sondern sie sind die Kräfte der Natur – groß, unbezwingbar, zutiefst beeindruckend für den, der ihre Anwesenheit empfinden oder ihre Gestalten sogar schauen kann.

Wie Menschen solchen »göttlichen« Erscheinungen gegenüber reagieren, darüber berichtet die »Bibel«, wenn von Begegnungen mit »Engeln« die Rede ist. Es wird wiederholt geschildert, wie zutiefst beeindruckt und erschüttert die Menschen den Dienern Gottes gegenüberstanden.

Lot zum Beispiel, dem zwei Engel erschienen, um ihn vor der bevorstehenden Zerstörung von Sodom und Gomorra zu warnen, »bückte sich mit seinem Angesicht auf die Erde« (1. Mose 19, 1). Als der »Fürst über das Heer des Herrn« (ein Engel oder ein Wesenhafter, je nach Übersetzung) Josua zur Hilfe kam, um die Stadt Jericho zu zerstören, »da fiel Josua auf sein Angesicht zur Erde« (Josua 5, 14). Die Hirten Bethlehems »fürchteten sich sehr« (Lukas 2, 9), als sie den Engel sahen, der ihnen die Geburt Jesu verkündete, da um sie »die Klarheit des Herrn leuchtete« (Lukas 2, 9).

Die »Götter« sind nicht nur sehr kraftvoll, sondern auch sehr schön, wie die Griechen berichteten – und ebenso König Salomo (um 950 v. Chr.), der über das Anbeten von Naturkräften beziehungsweise den »Götter«-Kult schrieb: »So sie (die Menschen) aber an deren schöner Gestalt Gefallen hatten und sie deshalb für Götter hielten, sollten sie billig gewusst haben, wie gar viel größer der sei, der über solche der Herr ist, denn der aller Schönheit Meister ist, hat solches alles geschaffen.« Damit brachte Salomo auch zum Ausdruck, dass der »Götter«-Glaube nur als eine Zwischenstufe zur Erkenntnis des einzigen Gottes zu sehen sei.

Durch ihre Macht und Gestalt können Wesenhafte oder Engel, die als Boten Gottes in die Schöpfung herniedersteigen, den Menschen naturgemäß stark beeindrucken. Sie erwecken in ihm ein Gefühl respektvoller Furcht und Bewunderung, die letztlich auch in Verehrung münden kann.

## Stufen der Erkenntnis im christlichen Glauben

Das schrittweise Sich-zu-eigen-Machen von immer höheren Erkenntnissen – wobei der Glaube an die Wesenhaften nur eine Stufe ist – führte schließlich zur Überzeugung von der Existenz und der Erhabenheit des einzig wahren Gottes. Wie wir gesehen haben, nahm dieser Prozess in der geistigen Entwicklung des jüdischen Volkes dreizehn Jahrhunderte in Anspruch. Abraham erhielt um 1800 v. Chr. die Offenbarung über die Existenz Gottes, aber erst um etwa 500 v. Chr., bei der Rückkehr aus dem babylonischen Exil, war im jüdischen Volk der Glaube an Gott wirklich gefestigt.

In der Verbreitung des christlichen Glaubens zeigt sich ein ähnliches Bild. Der Prozess des Umdenkens und Akzeptierens zog sich ebenfalls über einen langen Zeitraum hin und lässt, wie beim jüdischen Glauben, drei Phasen erkennen: Zuerst existierten »Götter«-Kulte und der Glaube an den Einen Gott nebeneinander, erst später folgten die Erkenntnis der Einzigartigkeit Gottes und zuletzt das Verwerfen des alten Glaubens. Dieser Prozess ist besonders in Rom erkennbar, wo sich das von Palästina ausgehende Christentum zuerst verankerte, um sich anschließend über ganz Europa (und später darüber hinaus) zu verbreiten.

Die erste Phase dauerte fast zweieinhalb Jahrhunderte. Sie begann um 60 n. Chr., als die Apostel Petrus und Paulus unter der Regierung Neros in Rom weilten, und dehnte sich bis zu den letzten großen Christenverfolgungen im Jahre 305 aus. Zu jener Zeit verehrten die Römer nicht nur ihre zahlreichen eigenen, sondern auch fremde »Götter«, die aus entfernten Provinzen ihres ausgedehnten Reiches stammten – zum Beispiel Cybele aus Karthago, Isis aus Ägypten und Mithra aus Persien. Die »Ankunft« eines neuen Gottes, dem der Christen, wird die Römer also vorerst nicht besonders überrascht haben. Sie betrachteten ihn als einen unter zahlreichen anderen.

Bis zum Ende des ersten Jahrhunderts gab es in Rom nur eine unscheinbare Minderheit von Christen. Erst ab dem zweiten Jahrhundert nahm deren Anzahl zu. Doch obwohl sie alle Christen genannt wurden, waren die neu Bekehrten längst nicht unbedingt dem Monotheismus zugetan. Der Glaube an die alten »Götter« bestand oft parallel zu dem an den christlichen Schöpfergott weiter. Als Konsequenz daraus wurde damals der Erfolg einer Bekehrung daran gemessen, in welchem Ausmaß die »Götter« von dem Bekehrten verworfen wurden.

Abgesehen von den in Rom lebenden Juden, die sich zum Christentum bekehrt hatten – die also den Begriff des einzigen Gottes dank ihrer jüdischen Abstammung schon in sich trugen –, vermischten zahlreiche ehemalige »Heiden«, die erst neu bekehrt worden waren, ihre bisherigen religiösen Kulte mit dem neuen Glauben. Die Christen hatten also um die »Reinheit« ihrer Lehre zu ringen und waren darüber hinaus wiederholt Verfolgungen ausgesetzt. Diese wurden zwar von den Kaisern angeordnet, aber ihren Ausgangspunkt hatten sie im Volk. Die Christenverfolgungen zeugen so von der Schwierigkeit, die die Römer mit dem Gedanken hatten, dass über ihren »Göttern« ein noch höherer, ja, der einzig wahre Gott existieren sollte.

Die zweite Phase im Entwicklungsprozess hin zum Monotheismus dauerte ungefähr 80 Jahre. Sie begann 313 mit der Bekehrung des Kaisers Konstantin zum Christentum und zog sich bis etwa zum Jahre 390 hin.

Im Anschluss an eine erfolgreiche Militäraktion wurde dem Kaiser Konstantin bewusst, dass der Gott, der ihn beschützt und ihm den Sieg über seine Feinde beschert hatte, kein römischer Gott, sondern jener der Christen war. Von diesem Zeitpunkt an – 313 n. Chr. – wurde das Christentum, das bis dahin lediglich toleriert worden war, offiziell anerkannt und vom Kaiser unterstützt. Er beendete die Verfolgungen und erließ Gesetze zum Schutz der Christen, er ließ Kultstätten bauen und gestand den christlichen Priestern ähnliche Vorteile wie den Heidenpriestern zu.

Der »Götter«-Kult fand also noch kein Ende, aber der christliche Gott wurde – auch öffentlich – als den anderen überlegen anerkannt. Dies war natürlich nur möglich, weil ein Großteil der Bevölkerung und vor allem angesehene Persönlichkeiten dem neuen Glauben offen gegenüberstanden oder sich sogar dazu bekannten.

Ein einheitlicher monotheistischer Glaube war jedoch noch nicht vorhanden, und viele Dinge entwickelten sich schwierig, wie dies das merkwürdige Schicksal des »Victoria-Altars« zeigt, der im römischen Senat aufgestellt war.

Kaiser Constantin der Große, der bis zum Jahre 337 regierte, hatte es nicht gewagt – oder es nicht als sinnvoll angesehen –, diesen Altar zu entfernen, um so zu zeigen, dass die Zeit des »Götter«-Kultes vorbei war. Erst sein Nachfolger im Oströmischen Reich, Constantius, unternahm dies im Jahre 357 anlässlich eines Kaiserbesuchs in Rom. Allerdings wurde diese höchst symbolträchtige Tat wenige Jahre später revidiert, und zwar durch den nachfolgenden Kaiser Julian, der ausgeprägtere Sympathien für das Heidentum als für das Christentum besaß. Zwölf Jahre danach ließ der prochristliche Kaiser Gratius den Victoria-Altar abermals entfernen. Und nochmals zehn Jahre später wurde er, nach einem heidnischen Aufstand, wieder in den Senat zurückgebracht. Dort blieb er zwei Jahre lang, bis er vom Kaiser Theodos im Jahre 394 endgültig entfernt wurde.

Mit diesem Kaiser Theodos kommen wir auf die dritte Phase in der Entwicklung zum christlichen Monotheismus zu sprechen, die für das Verwerfen der »Götter« steht. Kaiser Theodos verbot jeden heidnischen »Götter«-Kult und rief das Christentum zur Staatsreligion aus. Ein Teil der heidnischen Tempel wurde zerstört, ein anderer in Kirchen umgewandelt. Heidnische Zeremonien und Rituale wurden verboten – sowohl im öffentlichen als auch im privaten Leben. Der christliche Gott sollte als der einzig wahre anerkannt werden, der »Götter«-Kult endgültig verschwinden.

Es ist schwer zu sagen, wann diese dritte Phase abgeschlossen war. Einerseits deshalb, weil sich das Christentum zunächst vorwiegend in Rom beziehungsweise den großen Städten des Reiches verbreitete, weniger im ländlichen Raum, andererseits auch, weil Europa erst im zehnten Jahrhundert völlig christianisiert war. Gallien zum Beispiel war im fünften Jahrhundert noch vorwiegend heidnisch. Germanien blieb es bis zum achten Jahrhundert, als Bonifazius versuchte, die Bevölkerung zu bekehren. Polen, Ungarn und Russland wurden erst im zehnten Jahrhundert christlich.

Der schrittweise Prozess der Entwicklung hin zum Monotheismus, wie er im jüdischen Volk zu beobachten war, auch für das Christentum.

Die Wesenhaften sind daher keine Erfindung des Menschen. Sie existieren und wirken von Anbeginn der Schöpfung nach immer gleichlaufenden Regeln und Gesetzen in stets zuverlässiger Weise. Ohne diese Naturwesen und ihre immerwährende Arbeit am Aufbau und Erhalt der Schöpfung wäre unsere Welt nicht denkbar.

Damit der Mensch sich ein richtiges Bild der in der Schöpfung wirkenden Kräfte verschaffen kann, ist das Wissen von den Wesenhaften von unerlässlicher Bedeutung. Durch Jahrtausende hindurch wussten die Menschen davon und waren damit auf dem Weg, als letzte und höchste Stufe ein Erkennen des Schöpfers zu erreichen. Da durch kulturelle Eingriffe in den zurückliegenden Jahrhunderten jedoch die Verbindung zwischen der Menschheit und den Naturwesen vielfach verwischt wurde, gilt es jetzt, wie bei dem Besteigen einer Leiter nach oben zu, diese fehlende Sprosse wieder zu installieren.

## Der Weg zur höchsten Erkenntnis

Die zwei oben erwähnten kurzen historischen Skizzen bestätigen, dass der Glaube an die Wesenhaften beziehungsweise deren hohe

Führer tatsächlich als eine notwendige Entwicklungsetappe betrachtet werden kann – auf einem Weg, der den Menschengeist zuletzt zur eigentlichen Gotterkenntnis führt.

Die Grundlage für diese höchste Erkenntnis ist allerdings das Wissen um die machtvollen Diener des Schöpfers, die Wesenhaften. Sie entstammen nicht unserer Einbildung, sondern existieren und wirken überall in der Natur. Sie in ihrer Art und Aufgabe zu erkennen, ist eine wichtige Grundlage für einen vertieften Schöpferglauben, für das überzeugte Wissen um den Schöpfer.

Üblicherweise nimmt man heute an, der Mensch »erfindet« sich seine »Götter« – der eigenen Entwicklung entsprechend. Doch es ist anders. Die geistige Entwicklung führt zur Erkenntnis von Tatsachen, die zunehmend höheren Ursprungs sind und irgendwann die höchste Offenbarung vom Sein des Einen Gottes möglich machen.

Früher wie heute ist das Wissen um die Wesenhaften also notwendig, um die Größe Gottes und die Art seines Wirkens in der Schöpfung erahnen zu können. Wie auch ein Schulanfänger nicht verstehen kann, was in

Universitäten gelehrt wird, und sich erst die Grundlagen erarbeiten muss, genauso wenig können wir das Wirken Gottes begreifen, wenn uns dafür die geistigen Voraussetzungen fehlen. Und zu diesen Grundlagen gehört das Wissen von der Wirklichkeit der Wesenhaften, der »Götter«, Elfen, Gnome und so weiter.

Wie wir aus der Geschichte lernen können, entfernt dieses Wissen nicht von Gott, sondern es führt zu Ihm hin.

# Nachwort

Seit langer Zeit interessiere ich mich für das Thema Naturwesen, und ich habe versucht zu ergründen, wer sie sind und worin ihre Aufgabe besteht. So habe ich viel gesucht und gelesen. Nie war ich jedoch wirklich befriedigt von dem, was ich erfuhr, bis dass ich ein Buch entdeckte, das klare und überzeugende Informationen über diese Wesen gab. Dieses Werk, das entscheidend für mein Verständnis war, trägt den Titel »Im Lichte der Wahrheit, Gralsbotschaft« von Abd-ru-shin.

Nicht, dass die »Gralsbotschaft« ausschließlich den Naturwesen gewidmet wäre. Im Gegenteil, sie befasst sich mit vielen anderen Themen, wie Glaube, die Existenz Gottes, der geistige Ursprung des Menschen, Geburt und Tod – und dies auch auf eine klare und mit der Empfindung nachvollziehbare Weise. Der Grund dafür ist, dass, indem die »Gralsbotschaft« die Struktur der Schöpfung und die diese regierenden Gesetze erläutert, sie die Augen für die Gesamtordnung der Dinge und die Verbindung zwischen den Ereignissen öffnet. Es ist ein Buch, das ein neues Wissen, hohe Werte und aufbauende Anregungen bringt.

**Abd-ru-shin**
**Im Lichte der Wahrheit**
**Gralsbotschaft**

Verlag der Stiftung Gralsbotschaft, Stuttgart
www.gralsbotschaft.org
ISBN: 978-3-8786-0650-5

# Anhang - Die Wesenhaften im Frühkindesalter

Bei Eltern, die von den Wesenhaften wissen und von ihrer Existenz überzeugt sind, entsteht oft der Wunsch, diese Erkenntnis ihren Kindern zu vermitteln, dieses wenn möglich schon im frühen Kindesalter. Welche Wege stehen dafür zur Verfügung?

Die Wesenhaften sind mit unseren irdischen Augen nicht sichtbar, also können Eltern sie den Kindern auch nicht direkt zeigen. Das bedeutet allerdings nicht, dass man nichts tun kann. Wenn man die Wesenhaften an sich auch nicht sehen kann, so vermag man doch das Ergebnis ihres Tuns zu beobachten – genauso wie dies in Beziehung zu einem großen Künstler der Fall sein kann. Ohne ihn je persönlich getroffen zu haben, kann man seine Art in seinen Werken erkennen.

Das Ergebnis der Tätigkeit der Wesenhaften ist die Natur. Indem die Kinder sich mit der Natur, in ihren verschiedenen Ausdrücken, vertraut machen, können sie auch mit der Tätigkeit der Wesenhaften vertraut werden – und diese dadurch kennenlernen.

Dabei ist es für die Eltern nicht nötig, den Kindern zu erklären, welches Wesen für jedes Naturelement – Pflanze, Fels und so weiter –, mit dem sich das Kind, beispielsweise während eines Spazierganges, befasst, zuständig ist. Indem jedoch von Zeit zu Zeit, diskret und auf natürliche Weise, ohne darauf zu bestehen, das Kind darauf hingewiesen wird, dass die Schönheit dieser Blume oder jenes Steines das Ergebnis der Tätigkeit einer Elfe oder eines Gnomes ist, so nimmt das Kind die Tatsache, dass es Wesen gibt, die sich um die Natur kümmern, nach und nach in sich auf und akzeptiert diese Tatsache umso mehr, da junge Kinder sehr empfänglich dafür sind, was ihnen die Eltern vermitteln.

Kinder lernen die Natur vor allem über das Erleben kennen, das heißt: durch Erlebnisse in der Natur. »Bücherwissen« und wissenschaftliche Beobachtungen hingegen entsprechen nicht ihrem Alter. Naturerlebnisse erfordern einen direkten Kontakt. Wie kann ein Kind – zum Beispiel – besser das Meer entdecken, als beim Spielen am Strand, indem Sand und Meerwasser durch seine Hände rieseln, es sich von den Wellen stupsen und wiegen lässt, oder auch zusieht, wie seine Sandburg, unter dem Angriff der Wellen, zusammenbricht?

Der Wald zeigt sich dem Kind, wenn es darin spazieren geht, sich hinter Bäumen versteckt, die Struktur von deren Rinde streicheln und spüren kann, unter ein Gebüsch kriechen oder helfen darf beim Sammeln von Ästen zum Bau einer Hütte. Indem es hilft, das Holz für ein Feuer zusammenzutragen und es anschließend zu entfachen, entdeckt das Kind die aktiven Kräfte des Elementes Feuer. Beim Spazierengehen bei windgepeitschtem Wetter kann es sich mit dem Element Luft vertraut machen.

Blumen- und Gemüsesamen zu säen, diese zu gießen und dann beobachten zu können, wie sie sprießen, um anschließend die aus der Erde hervorgegangenen Pflanzen zu pflegen, bringt das Kind in Kontakt mit den Wachstumskräften der Erde. Auf diese Weise sieht, berührt, riecht und hört das Kind, was die Natur ausmacht, und unbewusst wird es mit den Aktivitäten der Wesenhaften vertraut, auch wenn es sie nicht sehen kann.

Früher konnten Kinder all diese Erfahrungen auf ganz natürliche Weise erleben, da ein großer Teil der Bevölkerung auf dem Lande wohnte. Dies führte zu einer engen Verbindung mit der Natur. Es war ebenso eine Zeit, in der das Wissen von den Wesenhaften und deren

Tätigkeiten verbreiteter war. Heutzutage lebt der Großteil der Bevölkerung in Städten. Die Natur ist dort nur in beschränktem Maße vorhanden und man muss sich zu ihr hinbegeben, um in Kontakt mit ihr zu kommen.

Die Kontakte mit der Natur erlauben den Kindern, sich mit der Welt der Wesenhaften vertraut zu machen. Damit diese Kenntnisse jedoch in ihnen lebendig werden können, brauchen sie auch eine bildliche Vorstellung ihrer Form. Für gewöhnlich sehen weder die Eltern noch die Kinder die Wesenhaften. Wie soll man vorgehen?

Hierbei kann man sich auf Zeichnungen oder Bilder stützen, die von Menschen, die die Wesenhaften sehen können, angefertigt wurden, oder von einer dritten Person entsprechend den Anweisungen eines Sehenden, wenn dieser nicht die Fähigkeit hat, die Zeichnung selbst auszuführen. Die Zeichnungen geben eine Idee, auf die sich die Kinder und ihre Eltern stützen können, um eine ungefähre Ahnung von diesen Wesen zu erlangen. Solche Bilder kann man in bestimmten Kinderbüchern oder in Werken mit Märchen und Legenden finden.

Es ist wichtig, diese Bücher gut auszuwählen,

bevor man sie mit den Kindern betrachtet. Um dies zu tun, kann uns die Aussage der »Gralsbotschaft«, dass alles in der Schöpfung gesetzmäßig, und somit natürlich ist, helfen. Die Wesenhaften besitzen menschliche Züge und im Allgemeinen auch ebensolche Körper (unter Umständen mit zusätzlichen Details in Form von Flügeln bei den Elfen oder einem Fischschwanz bei den Nixen und so weiter). Sie sind außerdem immer schön, eine Eigenschaft, die allen Wesenhaften zu eigen ist.

Auf diese Weise entsteht eine sichere Basis dessen, was der Wirklichkeit entspricht und schließt alle diffus geformten, hässlichen, bösartigen oder erschreckenden Darstellungen als nicht zu den Wesenhaften gehörend aus.

Wenn die Mehrheit der größeren Kinder die Wesenhaften nicht sehen kann, so ist dies nichts Erstaunliches, sondern vielmehr relativ häufig der Fall. Bei Kleinkindern (bis etwa zum Kindergartenalter) hingegen ist dies anders, sie sind der Natur noch sehr verbunden und der Intellekt hat noch keine großen Auswirkungen. Die Möglichkeit, diese Wesen zu sehen, verschwindet meist ganz von selbst, wenn die Kinder älter werden.

Dass ein Kind ein wesenhaftes Wesen gesehen hat, können die Eltern zum Beispiel seinen Aussagen entnehmen. Es kann sein, dass das Kind auf eine Begegnung hinweist, oder eine solche kann aus seinen Erzählungen abgeleitet werden. Beispielsweise erzählt ein Kind von einem Wesen, das sich da oder dort befand und dieses oder jenes getan hat. Oder auch, dass es, ohne von irgendwem zu sprechen, plötzlich eine große Überraschung oder auch Traurigkeit zeigt, da jemand, der bei ihm war, plötzlich weggegangen sei.

Ist dies der Fall, so ist es wichtig, dass die Eltern dem Kind aufmerksam zuhören und auf seine Aussagen natürlich reagieren. Auf diese Weise wird für das Kind die Tatsache der Existenz der Wesenhaften bestätigt, denn es hat nicht nur selbst die Erfahrung mit diesem Wesen gemacht, sondern auch seine Eltern akzeptieren dies als völlig normal.

Das Gegenteil würde geschehen, wenn die Eltern, wie dies leider oft der Fall ist, dem Kind belustigt erklären, dass es diese Wesen gar nicht gibt. Das Kind wird dann an seinem Erleben zweifeln, da seine Eltern es ablehnen.

Hier sollte man vielleicht noch anmerken,

dass Kinder bei ihren Spielen wohl oft Personen erfinden und diese für die Kinder absolut real zu sein scheinen. Doch mit etwas Aufmerksamkeit können die Eltern leicht unterscheiden, ob es sich um ein echtes Erleben oder nur ein Spiel handelt.

Vielleicht denken nun Eltern, dass es, um zur Kenntnis der Wesenhaften zu gelangen, wünschenswert wäre, die Gabe des Hellsehens bei ihren Kindern zu entwickeln. Zum Beispiel, indem sie ihr Kind ermuntern, aufmerksam eine Blume oder das Wasser eines Baches zu beobachten, um zu sehen, ob sich eine Elfe oder eine Nixe darin befindet.

Die Gabe des Hellsehens, wie dies die Bezeichnung »Gabe« schon sagt, ist eine Fähigkeit, die gegeben wird. Sie wird von oben gegeben und ist wie ein Geschenk, ohne dass man selbst etwas dazu beitragen muss, ja sogar nicht darf. Wer diese Gabe hat, dem wird sie geschenkt – aus einem bestimmten Grund. Es ist nicht etwas, das man bewusst nehmen oder sich aneignen sollte. Die Schulungen, die versuchen, das Hellsehen auf künstliche Weise zu fördern, führen nur zu einer schwachen und ungenügend gemeisterten Eigenschaft, die mehr Schaden als Nutzen bringt. Dies ist also etwas, dem man sich enthalten sollte.

Der beste Weg für die Eltern, ihren Kindern das Wissen von den Wesenhaften zu vermitteln, ist es, selbst von deren Existenz überzeugt zu sein und dadurch in jeder Situation sich den Kindern gegenüber ganz natürlich verhalten und dementsprechend handeln zu können.

**Christopher Vasey**
**Das Blutgeheimnis**

Als Taschenbuch mit 198 Seiten
und als eBook erhältlich

Edition Eva Herman
ISBN: 978-1-9990215-4-2

**Christopher Vasey**
**Gesund durchs Chaos**

Als Taschenbuch mit 198 Seiten
und als eBook erhältlich

Edition Eva Herman
ISBN: 978-1-9990215-6-6

Printed in Germany
by Amazon Distribution
GmbH, Leipzig

25982827R00084